El niño **sin** nombre

Un relato edificante

El niño
sin
nombre

La lucha de un niño por sobrevivir

DAVE PELZER

Un sello de
Health Communications, Inc.
Deerfield Beach, Florida

www.bcibooks.com

"No sabía" (título original: "I Never Knew") reimpreso con permiso de Cindy M. Adams.

Editor: HCI Español
         Un sello de Health Communications, Inc.
         3201 S.W. 15th Street
         Deerfield Beach, FL 33442-8190

Diseño de la portada por Ileana M. Wainwright

Este libro se lo dedico a mi hijo Stephen, que, por la gracia de Dios, me ha enseñado el don del amor y de la alegría a través de los ojos de un niño.

También dedico este libro a los profesores y empleados de la escuela primaria Thomas Edison:

Steven E. Ziegler
Athena Konstan
Peter Hansen
Joyce Woodworth
Janice Woods
Betty Howell
y a la enfermera de la escuela.

A todos ustedes, por su valor y por jugarse el puesto aquel fatídico día: el 5 de marzo de 1973. Me salvaron la vida.

Índice

Agradecimientos

Tras años de intenso trabajo, sacrificio, frustración, compromisos y engaños, por fin se publica este libro y se halla disponible en las librerías. Quiero detenerme un momento para rendir homenaje a quienes creyeron de verdad en esta cruzada.

A Jack Canfield, coautor del fenomenal éxito de ventas *Chicken Soup for the Soul*, por su extrema amabilidad y por abrirme una gran puerta. Jack es realmente un raro espécimen que, sin reservas, ayuda a más personas en un solo día que la mayor parte de nosotros en toda nuestra vida. Que Dios lo bendiga.

A Nancy Mitchell y a Kim Wiele, del Grupo Canfield, por su enorme entusiasmo y sus consejos. Gracias, señoras.

A Peter Vegso, de Health Communications, Inc., y a Christine Belleris, a Matthew Diener, Kim Weiss y a todo el personal de HCI por su honradez, su profesionalidad y sus atenciones diarias, que hacen que publicar sea un placer. Muchísimas gracias a Irene Xanthos y a Lori Golden por su impulso tenaz y por terminar lo que otros dejaban a medias. Y mi enorme agradecimiento al departamento artístico por su gran trabajo y dedicación.

Mi especial agradecimiento a Marsha Donohoe, extraordinaria editora, por las horas que ha dedicado a reeditar y a erradicar la "paja" del libro para proporcionar al lector un sentido claro y preciso de esta historia a través de unos ojos infantiles. Para Marsha, nobleza obliga.

A Patti Breitman, de Breitman Publishing Projects, por su trabajo inicial y por hacerme sudar tinta.

A Cindy Adams, por su confianza inquebrantable cuando más la necesitaba.

Mi especial agradecimiento a Ric & Don, del centro turístico Río Villa, mi hogar durante el desarrollo de este proyecto, por proporcionarme un santuario perfecto.

Y por último a Phyllis Colleen. Te deseo paz y felicidad. Que Dios te bendiga.

Notas del autor

Algunos nombres de este libro se han cambiado para proteger la dignidad e intimidad ajenas.

Este libro, la primera parte de una trilogía, presenta un lenguaje desarrollado desde el punto de vista de un niño. El tono y el vocabulario reflejan la edad y los conocimientos del niño en ese momento concreto.

El libro se basa en la vida del niño de los cuatro a los doce años de edad.

1
EL RESCATE

5 de marzo de 1973, Daly City, California. *Estoy retrasado. Tengo que acabar de fregar los platos a tiempo, si no, no hay desayuno; y como anoche no cené, he de comer algo. Mamá corre por la casa chillando a mis hermanos. Oigo sus pasos pesados por el pasillo dirigiéndose hacia la cocina. Vuelvo a meter las manos en el agua hirviendo de enjuagar. Demasiado tarde. Me coge con las manos fuera del agua.*

¡PLAF! Mamá me pega en la cara y me tiro al suelo. Sé que no debo quedarme de pie y aguantar el golpe. He aprendido, a base de cometer errores, que lo considera un desafío, lo que significa más golpes o, peor aún, quedarme sin comer. Recupero mi postura anterior y evito su mirada mientras me grita al oído.

Actúo con timidez, asintiendo a sus amenazas. "Por favor, —me digo—, déjame comer. Vuelve a pegarme, pero tengo que comer." Otra bofetada hace que me golpee la cabeza contra el mostrador de azulejos. Lágrimas de falsa derrota me corren por las mejillas mientras sale de

3

manera precipitada de la cocina aparentemente satisfecha consigo misma. Después de contar sus pasos para asegurarme de que se ha ido, dejo escapar un suspiro de alivio. Mi actuación ha dado resultado. Mamá puede pegarme todo lo que quiera, pero no he dejado que me arrebate mi voluntad de sobrevivir.

Acabo de fregar los platos y, después, hago el resto de mis tareas domésticas. Como recompensa, recibo el desayuno: las sobras de un tazón de cereales de uno de mis hermanos. Hoy son Lucky Charms. Sólo quedan unos trocitos de cereales en medio tazón de leche, pero los engullo lo más de prisa posible, antes de que mamá cambie de opinión. Ya lo ha hecho otras veces. Le gusta usar la comida como arma. Sabe que no debe tirar las sobras al cubo de la basura. Sabe que después las cojo. Mamá se sabe la mayoría de mis trucos.

Unos minutos más tarde estoy en la vieja ranchera de la familia. Como voy tan retrasado con las tareas domésticas, me tienen que llevar en carro al colegio. Normalmente suelo ir corriendo y llego justo cuando comienza la clase, sin tiempo para robar comida de las fiambreras de otros niños. Mamá deja salir a mi hermano mayor, pero a mí me retiene para sermonearme sobre lo que piensa hacer conmigo mañana. Va a llevarme a casa de su hermano. Dice que el tío Dan "se ocupará de mí". Lo dice de manera amenazadora. La miro asustado, como si de verdad tuviera miedo. Pero sé que, aunque mi tío es un hombre duro, no me tratará como lo hace mamá.

Antes de que la ranchera se pare del todo, salgo corriendo. Mamá me grita para que vuelva. He olvidado mi fiambrera abollada que, en los tres últimos años, siempre ha tenido el mismo menú: dos emparedados de mantequilla de maní y unos bastoncillos de zanahoria. Antes de que vuelva a salir disparado del carro, me dice:

—Diles . . . Diles que has tropezado con la puerta.

Después, con una voz que rara vez emplea conmigo, me vuelve a decir:

—Que pases un buen día.

Le miro los ojos rojos e hinchados. Todavía le dura la resaca de la borrachera de anoche. Su pelo, en otro tiempo hermoso y brillante, le cae ahora en mechones consumidos. Como de costumbre, no lleva maquillaje. Está gorda y lo sabe. En general, éste se ha vuelto el aspecto típico de mamá.

Como llego tan tarde, tengo que presentarme en la oficina de la administración. La secretaria de pelo gris me saluda con una sonrisa. Unos instantes después sale la enfermera de la escuela y me conduce a su despacho, donde llevamos a cabo la rutina habitual. Primero, me examina la cara y los brazos.

—¿Qué es eso que tienes encima del ojo? —me pregunta.

Asiento dócilmente:

—He tropezado con la puerta del vestíbulo . . . sin querer.

Vuelve a sonreír y coge una tablilla con sujetapapeles de encima de un armario. Pasa una o dos hojas y se inclina para enseñármelas.

—Mira —señala la hoja—, eso fue lo que dijiste el lunes pasado. ¿Te acuerdas?

Rápidamente cambio de historia.

—Estaba jugando al béisbol y me di con el bate. Fue un accidente.

Accidente. Siempre debo decir eso. Pero la enfermera no se deja engañar. Me regaña para que le diga la verdad. Siempre termino por derrumbarme y confesar, aunque creo que debería proteger a mi madre.

La enfermera me dice que no me preocupe y me pide que me desnude. Hacemos lo mismo desde el año pasado, así que la obedezco inmediatamente. Mi camisa de manga larga tiene más agujeros que un queso de Gruyère. Es la misma que llevo desde hace dos años. Mamá me obliga a ponérmela todos los días para humillarme. Los pantalones están prácticamente en el mismo estado y los zapatos tienen agujeros en la zona de los dedos. Puedo sacar el dedo gordo por uno de ellos. Mientras me quedo en ropa interior, la enfermera anota las diversas marcas y moretones en la tablilla. Cuenta las marcas en forma de corte que tengo en la cara y busca alguna que le haya pasado desapercibida anteriormente. Es muy concienzuda. A continuación, me abre la boca para mirarme los dientes, que están mellados por habérmelos golpeado contra el mostrador de la cocina. Escribe varias notas más en el *papel.* Mientras continúa examinándome, se detiene en la antigua cicatriz del estómago.

—Y aquí —dice mientras traga saliva—, ¿es donde te clavó el cuchillo?

—Sí —contesto.

"¡Oh, no! —me digo—, me he equivocado . . . otra vez." La enfermera debe de haber visto la preocupación en mis ojos. Deja la tablilla y me abraza. "¡Dios mío! —me digo—, es tan cálida". No quiero soltarla. Quiero quedarme en sus brazos para siempre. Cierro los ojos con fuerza, y durante algunos segundos, no existe nada más. Me acaricia la cabeza. Me estremezco por el moretón hinchado que mamá me ha hecho esta mañana. La enfermera deshace el abrazo y sale de la habitación. Me apresuro a vestirme. Ella no lo sabe, pero todo lo hago lo más rápidamente posible.

La enfermera vuelve al cabo de unos minutos con el señor Hansen, el director, y dos de mis profesores, la señorita Woods y el señor Ziegler. El señor Hansen me conoce muy bien. He estado en su despacho más veces que cualquier otro niño de la escuela. Mira la hoja mientras la enfermera le informa de lo que ha encontrado. Me levanta la barbilla. Me da miedo mirarlo a los ojos, que es un hábito que he adquirido al tratar de enfrentarme a mi madre. Pero también es porque no quiero contarle nada. Una vez, hace aproximadamente un año, llamó a mi madre para preguntarle por mis moretones. Por aquel entonces no tenía ni idea de lo que sucedía en realidad.

Sólo sabía que yo era un niño con problemas que robaba comida. Cuando volví al colegio al día siguiente, vio los resultados de las palizas de mamá. Nunca volvió a llamarla.

El señor Hansen grita que ya está harto. Casi me muero del susto. "Va a volver a llamar a mamá", me grita el cerebro. Me derrumbo y lloro. Me tiembla el cuerpo como si fuera gelatina y balbuceo como un bebé, rogando al señor Hansen que no llame a mamá.

—¡Por favor! —digo lloriqueando—, hoy no. ¿No se da cuenta de que es viernes?

El señor Hansen me asegura que no va a llamar a mamá y me envía a clase. Como es muy tarde para ir al aula de la reunión matinal, corro directamente a la clase de inglés de la señora Woodworth. Hoy tenemos una prueba de ortografía de todos los estados y sus capitales. No estoy preparado. Normalmente soy muy buen alumno, pero en los últimos meses he abandonado todo en mi vida, incluyendo el evadirme de mi desgracia a través del trabajo escolar.

Cuando entro en el aula, los alumnos se tapan la nariz y me silban. La profesora sustituta, una mujer joven, agita las manos delante de la cara. No está acostumbrada a mi olor. Me entrega el examen guardando las distancias, pero antes de que me siente en la parte de atrás de la clase, al lado de una ventana abierta, me vuelven a llamar al despacho del director. Toda el aula suelta un alarido, el rechazo del quinto grado.

Corro a la oficina de la administración y llego en un segundo. Me duele la garganta y todavía me arde por el "juego" que mamá jugó ayer contra mí. La secretaria me conduce a la sala de profesores. Cuando abre la puerta, mis ojos tardan un momento en habituarse. Frente a mí, sentados en torno a una mesa, están mi tutor, el señor Ziegler, mi profesora de matemáticas, la señorita Moss, la enfermera de la escuela, el señor Hansen y un policía. Los pies se me congelan. No sé si salir corriendo o esperar a que el techo se derrumbe. El señor Hansen me hace una seña para que entre, mientras la secretaria cierra la puerta tras de mí. Me siento a la cabecera de la mesa y explico que no he robado nada . . . hoy. Una sonrisa hace que desaparezca el entrecejo fruncido que todos muestran. No tengo idea que van a arriesgar sus empleos para salvarme.

El policía explica por qué lo ha llamado el señor Hansen. Siento cómo me voy encogiendo en la silla. El agente me pide que le hable de mamá. Digo que no con la cabeza. Demasiadas personas conocen ya el secreto y sé que ella lo va a descubrir. Una voz suave me tranquiliza. Creo que es la señorita Moss. Me dice que todo está bien. Respiro profundamente, me retuerzo las manos y, de mala gana, les hablo de mamá y de mí. Después, la enfermera me dice que me levante y enseña al policía la cicatriz que tengo en el pecho. Sin dudarlo, les digo que fue un accidente, que es lo que fue: mamá no tenía intención de clavarme el cuchillo. Lloro mientras lo confieso todo y les digo que mamá me castiga porque soy malo. ¡Ojalá me dejaran en paz! Me

9

siento tan falso en mi interior. Sé que, después de todos estos años, nadie puede hacer nada.

Unos minutos después me dejan salir y sentarme en el despacho contiguo. Al ir a cerrar la puerta, los adultos me miran y aprueban con la cabeza. Me muevo inquieto en la silla mientras observo a la secretaria escribir a máquina. Me parece que ha pasado una eternidad cuando el señor Hansen me llama para que vuelva a entrar. La señorita Woods y el señor Ziegler salen de la sala de profesores. Parecen contentos y, a la vez, preocupados. La señorita Woods se arrodilla y me rodea con sus brazos. Creo que nunca olvidaré el aroma del perfume que lleva en el pelo. Me suelta y se da la vuelta para que no la vea llorar. Ahora estoy verdaderamente preocupado. El señor Hansen me da una bandeja de la cafetería con la comida. "¡Dios mío! ¿Ya es la hora de comer?", me pregunto.

Engullo la comida con tanta rapidez que apenas puedo degustarla. Acabo la bandeja en un tiempo récord. Poco después vuelve el director con un paquete de galletas y me dice que no coma tan de prisa. No tengo ni idea de lo que pasa. Una de mis suposiciones es que mi padre, que está separado de mi madre, ha venido por mí. Pero sé que se trata de una fantasía. El policía me pregunta la dirección y el número de teléfono. "¡Ya está! —me digo—. Es la vuelta al infierno. Va a volver a pegarme."

El policía toma más notas ante la mirada del señor Hansen y la enfermera. Poco después cierra su libreta y le dice al señor Hansen que ya tiene suficiente información.

Miro al director. Tiene la cara cubierta de sudor. Siento que el estómago comienza a contraérseme. Quiero ir al servicio y vomitar.

El señor Hansen abre la puerta y veo que todos los profesores —es la hora de la comida— me miran fijamente. Me siento muy avergonzado. "Lo saben —me digo—. Saben la verdad sobre mi madre, la verdad real". Es muy importante que sepan que no soy un niño malo. Deseo tanto gustarles, que me quieran. Me vuelvo hacia el vestíbulo. El señor Ziegler abraza a la señorita Woods, que está llorando. La oigo gemir. Me da otro abrazo y se aleja rápidamente . El señor Ziegler me estrecha la mano.

—Pórtate bien —me dice.

—Sí. Lo intentaré —es lo único que puedo decir.

La enfermera de la escuela está detrás del señor Hansen, en silencio. Todos se despiden de mí. Ahora sé que voy a la cárcel. "Bien —me digo—. Al menos no podrá pegarme si estoy en la cárcel".

El policía y yo salimos, pasamos por delante de la cafetería. Veo a algunos niños de mi clase jugando al "balón prisionero". Unos cuantos dejan de jugar. Gritan:

—¡Han pillado a David! ¡Han pillado a David!

El policía me pone la mano en el hombro y me dice que todo está bien. Mientras nos alejamos en la patrulla de la escuela primaria Thomas Edison, veo a algunos niños que parecen desconcertados por mi partida. Antes de marcharme, el señor Ziegler me ha dicho que contaría la verdad a los demás niños, la verdad real. Habría dado lo que fuera por estar en clase cuando supieran que no soy tan malo.

En pocos minutos llegamos a la comisaría de policía de Daly City. Casi espero que mamá esté allí. No quiero bajarme del coche. El oficial abre la puerta, me coge del codo con suavidad y me lleva a un gran despacho. No hay nadie en la habitación. El agente se sienta en una silla que hay en una esquina, donde escribe a máquina varios folios. Observo detenidamente al policía mientras me como despacio las galletas. Las saboreo el mayor tiempo posible. No sé cuándo volveré a comer.

Es más de la una de la tarde cuando el policía acaba con los trámites burocráticos. Me vuelve a pedir el número de teléfono.

—¿Para qué? —pregunto con voz quejumbrosa.

—Tengo que llamarla, David —me dice con suavidad.

—¡No! —le ordeno—. Mándeme de vuelta al colegio. ¿Pero es que no lo entiende? No debe saber que lo he contado.

Me calma con otra galleta y marca despacio el 7-5-6-2-4-6-0. Veo girar el disco negro del teléfono al levantarme y acercarme, y fuerzo todo el cuerpo para tratar de oírlo sonar en el otro extremo. Lo coge mamá. Su voz me asusta. El policía me hace señas para que me aparte y respira profundamente antes de decir:

—Señora Pelzer. Aquí el agente Smith del Cuerpo de Policía de Daly City. Su hijo David no irá hoy a casa.

Queda bajo la custodia del Departamento Juvenil de San Mateo. Si tiene alguna pregunta, llame allí.

Cuelga el teléfono y me sonríe.

—No ha sido tan difícil, ¿verdad? —me pregunta.

Pero su mirada me indica que es a sí mismo a quien trata de convencer, no a mí.

Después de recorrer varios kilómetros, llegamos a la autopista 280 y nos dirigimos hacia las afueras de Daly City. Miro a mi derecha y veo una señal que dice: "LA AUTOPISTA MÁS HERMOSA DEL MUNDO". El oficial sonríe aliviado cuando salimos de los límites de la ciudad.

—David Pelzer —me dice—, eres libre.

—¿Qué? —le pregunto, aferrándome a mi única fuente de comida—. No lo entiendo. ¿No me lleva a la cárcel?

Vuelve a sonreír y me aprieta el hombro con suavidad.

—No, David. No tienes por qué preocuparte, de verdad. Tu madre nunca te volverá a hacer daño.

Me recuesto en el asiento. El reflejo del sol me da en los ojos. Desvío la vista de los rayos del sol mientras una lágrima me corre por la mejilla.

"¿Soy libre?"

2
BUENOS TIEMPOS

En los años previos a ser maltratado, mi familia era "La Tribu de los Brady" de los 70. Mis dos hermanos y yo teníamos la suerte de tener unos padres perfectos. Nuestros mínimos caprichos eran satisfechos con amor y afecto.

Vivíamos en una modesta casa de dos dormitorios en Daly City, en lo que se consideraba un "buen" barrio. Recuerdo cómo me asomaba al mirador de la sala, en los días claros, para observar las torres de color naranja brillante del Golden Gate y los hermosos edificios de San Francisco recortados contra el cielo.

Mi padre, Stephen Joseph, mantenía a su familia trabajando de bombero en el centro de San Francisco. Medía aproximadamente un metro y setenta y cinco centímetros y pesaba unos noventa y cinco kilos. Era ancho de hombros y sus antebrazos habrían constituido el orgullo de cualquier culturista. Las cejas, negras y espesas, hacían juego con su pelo. Me sentía especial cuando me guiñaba el ojo y me llamaba "Tigre".

Mi madre, Catherine Roerva, era una mujer de estatura media y aspecto normal. Nunca recordaba el color de su pelo o de sus ojos, pero mamá era una mujer que rebosaba amor por sus hijos. Su mejor cualidad era la determinación. A mamá siempre se le ocurrían ideas y siempre se hacía cargo de los asuntos familiares. Una vez, cuando yo tenía cinco o seis años, mamá dijo que estaba enferma y recuerdo que pensé que no parecía ella misma. Era un día en que papá estaba trabajando en el cuartel de bomberos. Después de servir la cena, mamá se levantó corriendo de la mesa y se puso a pintar los escalones del garaje. Tosía mientras aplicaba con furia la pintura roja en cada escalón. La pintura no se había secado del todo cuando comenzó a clavar, con chinchetas, esterillas de goma en los escalones. Tanto éstas como mamá se llenaron de pintura roja. Al terminar, entró en casa y se derrumbó en el sofá. Recuerdo que le pregunté por qué había puesto las esterillas antes de que se hubiera secado la pintura. Me sonrió y me dijo:

—Quería darle una sorpresa a tu padre.

En el cuidado de la casa, mamá era una auténtica maniática de la limpieza. Después de darnos de desayunar a mis dos hermanos, Ronald y Stan, y a mí, limpiaba el polvo, desinfectaba, frotaba y pasaba la aspiradora por todas partes. Ninguna habitación de la casa se salvaba. A medida que nos hacíamos mayores, mamá se aseguraba de que contribuyéramos a mantener ordenadas nuestras habitaciones. Fuera de la casa cuidaba con esmero un jardincillo, que era la envidia del vecindario. Todo lo que tocaba mamá se convertía en oro. No concebía que las cosas se pudieran hacer a medias. Nos decía que siempre debíamos hacer lo mejor posible todo lo que intentáramos.

Mamá estaba realmente dotada para la cocina. De todas las cosas que hacía para su familia, creo que su preferida era inventarse comidas nuevas y exóticas, sobre todo los días en que papá estaba en casa. Se pasaba buena parte del día preparando una de sus fantásticas comidas. A veces, cuando papá trabajaba, nos llevaba de excursión a la ciudad para ver los lugares más interesantes. Un día fuimos al barrio Chino de San Francisco. Mientras lo recorríamos en la ranchera, mamá nos habló de la cultura y de la historia del pueblo chino. Cuando volvimos, puso el tocadiscos y la casa se llenó de hermosos sonidos orientales. Después adornó el comedor con linternas chinas. Esa noche se puso un quimono y nos sirvió lo que nos pareció una cena muy exótica pero deliciosa. Al acabar, nos dio galletas chinas con una predicción del futuro y nos la leyó. Pensé que el mensaje de la galleta me indicaba mi destino. Años después, cuando ya sabía leer, encontré una de mis antiguas predicciones.

Decía: "Ama y honra a tu madre, porque es el fruto que te da la vida".

Por aquel entonces, nuestra casa estaba llena de mascotas: gatos, perros, peceras repletos de peces exóticos y una tortuga de tierra llamada *Thor*. Lo que mejor recuerdo es la tortuga, porque mamá me dejó escoger el nombre. Me sentí orgulloso, pues mis hermanos habían elegido el nombre de otros animales y ahora me tocaba a mí. Bauticé al reptil con el nombre de mi personaje de dibujos animados preferido. Parecía que los acuarios de veintidós y cuarenta y cuatro litros se hallaban por todas partes. Había al menos dos en la sala de estar y otro lleno de "guppies" en nuestro dormitorio. Mamá adornaba los tanques de agua aclimatada con gravilla y papel de plata de colores, con cualquier cosa que, en su opinión, contribuyera a que fueran más realistas. Solíamos sentarnos a su lado mientras mamá nos explicaba las diferentes especies de peces.

La más espectacular de sus enseñanzas tuvo lugar un domingo por la tarde. Uno de los gatos mostraba una conducta extraña. Mamá nos sentó a su alrededor y nos habló del proceso del nacimiento. Después de que los gatitos salieron de la gata madre, nos explicó con todo detalle el milagro de la vida. Hiciera lo que hiciera la familia, a mamá se le ocurría una enseñanza constructiva, aunque normalmente no nos dábamos cuenta de que nos estaba enseñando algo.

Para nuestra familia, en aquellos buenos años, las vacaciones comenzaban la víspera del Día de Todos los Santos. Una noche de octubre, cuando se podía contemplar la inmensa luna llena de otoño en todo su esplendor, mamá nos sacó a los tres a toda prisa de casa para que viéramos la "gran calabaza" en el cielo. Al volver al dormitorio, nos dijo que miráramos debajo de la almohada, donde encontramos carritos de carreras. Mis hermanos y yo gritamos de placer y a mamá se le iluminó la cara de orgullo.

El Día de Acción de Gracias, mamá desaparecía en el sótano y reaparecía con cajas enormes llenas de adornos navideños. Se subía a una escalera y, mediante chinchetas, sujetaba guirnaldas a las vigas del techo. Cuando terminaba, todas las habitaciones de la casa presentaban un aspecto propio de la época. En el comedor, mamá colocaba velas rojas de distinto tamaño en el valioso aparador de roble. Figuras de nieve artificial adornaban las ventanas de la sala y del comedor. Luces navideñas enmarcaban las ventanas de nuestros dormitorios. Todas las noches me quedaba dormido mirando el resplandor suave y lleno de colorido de las luces que parpadeaban.

El árbol de Navidad nunca medía menos de dos metros y medio, y la familia tardaba horas en adornarlo. Cada año a uno de nosotros se le concedía el honor de colocar el ángel en el extremo superior del árbol, mientras papá lo sostenía con sus fuertes brazos. Después de adornar el árbol y de cenar, nos subíamos todos juntos a la ranchera y recorríamos el barrio, admirando los adornos de otras casas. Mamá no paraba de hablar de cosas mayores y mejores para las siguientes Navidades, aunque mis hermanos y yo sabíamos que nuestra casa era siempre la mejor. Al volver a casa, mamá nos sentaba frente a la chimenea y bebíamos ponche de huevo. Mientras nos contaba cuentos, Bing Crosby cantaba *Navidades blancas* en el tocadiscos. La emoción que sentía durante aquellas temporadas de vacaciones me impedía dormir. A veces, mamá me acunaba y me quedaba dormido oyendo el crepitar del fuego.

A medida que se aproximaba la Navidad, mis hermanos y yo estábamos cada vez más emocionados. El montón de regalos al pie del árbol crecía de día en día. Cuando por fin llegaba el momento, había docenas de regalos para cada uno.

En Nochebuena, después de una cena especial y de cantar villancicos, nos daban permiso para abrir un regalo. A continuación nos íbamos a dormir. Cuando me acostaba, siempre aguzaba el oído esperando el sonido de las campanas del trineo de Santa Claus. Pero me dormía antes de oír a los renos aterrizar en el tejado.

Antes de amanecer, mamá entraba silenciosamente en nuestra habitación y nos despertaba susurrando:

—¡Ha venido Santa Claus!

Un año nos dio un casco amarillo de plástico a cada uno y nos llevó a la sala. Tardamos siglos en quitar los papeles de colores que envolvían las cajas y descubrir nuestros nuevos juguetes navideños. Después, mamá nos llevó corriendo al patio trasero, con nuestras batas nuevas, y nos hizo mirar por la ventana el enorme árbol de Navidad. Recuerdo que, ese año, mientras estábamos en el patio, vi llorar a mamá. Le pregunté por qué estaba triste y me dijo que lloraba de felicidad por tener una verdadera familia.

Como el empleo de papá lo obligaba a trabajar en turnos de veinticuatro horas, mamá solía llevarnos de excursión todo el día a sitios como el cercano parque del Golden Gate de San Francisco. Mientras atravesábamos lentamente el parque en la ranchera, mamá nos explicaba en qué se diferenciaban las distintas zonas y la envidia que le producía la belleza de las flores. Siempre dejábamos para el final la visita al acuario Steinhart del parque. Mis hermanos y yo subíamos a toda prisa las escaleras y atravesábamos corriendo las pesadas puertas. Nos emocionaba asomarnos a la valla dorada, en forma de caballito de mar, para contemplar abajo, a lo lejos, la pequeña cascada y el estanque donde habitaban los caimanes y las grandes tortugas. De niño, era el lugar que prefería de todo el parque. Una vez me asusté porque pensé que me escurriría por la barrera y que me caería al estanque. Sin pronunciar palabra, mamá debió de darse cuenta de mi miedo. Me miró y me apretó la mano con mucha suavidad.

La primavera significaba salir a comer al aire libre. La noche anterior, mamá preparaba un banquete de pollo frito, ensaladas, emparedados y montones de postres. Al día siguiente, por la mañana temprano, la familia se dirigía a toda velocidad al parque de Junípero Serra. Cuando llegábamos, mis hermanos y yo corríamos como locos por la hierba y nos impulsábamos cada vez más alto en los columpios del parque. A veces nos aventurábamos por un sendero desconocido. Mamá siempre tenía que interrumpir nuestra diversión cuando llegaba la hora de comer. Engullíamos la comida, sin apenas degustarla, antes de salir corriendo hacia lugares desconocidos, en busca de grandes aventuras. Nuestros padres parecían contentarse con tenderse uno junto al otro en una manta, beber vino tinto y vernos jugar.

Siempre resultaba emocionante que la familia se fuera de veraneo. Mamá era quien organizaba los viajes. Planeaba todos los detalles y se henchía de orgullo cuando las actividades salían bien. Solíamos ir a Portola o al parque del Memorial y acampábamos en nuestra enorme tienda de campaña verde durante una semana, más o menos. Pero cuando papá nos llevaba en el carro hacia el norte y cruzábamos el Golden Gate, sabía que íbamos al lugar que más me gustaba en el mundo: el río Russian.

Para mí, el viaje más memorable al río tuvo lugar el año que estaba en el kindergarten. El último día del curso, mamá pidió que me dejaran salir media hora antes. Cuando oí que papá tocaba la bocina, subí disparado la pequeña colina que separaba el colegio del auto. Estaba excitado porque sabía a donde íbamos. Mientras nos dirigíamos hacia allí, miraba fascinado los viñedos, que parecían no tener fin. Cuando llegamos a la tranquila ciudad de Guerneville, bajé la ventanilla para aspirar el dulce aroma de las secuoyas.

Cada día constituía una aventura nueva. Mis hermanos y yo pasábamos el día subiéndonos al tronco quemado de un árbol viejo, provistos de nuestras botas especiales de suela gruesa, o bañándonos en el río, en la playa de Johnson. Ir a la playa de Johnson constituía una excursión de todo el día. Salíamos del bungalow a las nueve y regresábamos después de las tres. Mamá nos enseñaba a nadar, a cada uno por separado, en una pequeña poza del río. Ese verano me enseñó a nadar de espaldas. Se mostró muy orgullosa cuando por fin pude hacerlo.

Todos los días parecían mágicos. Un día, después de cenar, papá y mamá nos llevaron a los tres a ver la puesta de sol. Íbamos cogidos de la mano mientras pasábamos silenciosamente por el bungalow del señor Parker, camino del río. Sus aguas verdes estaban lisas como el cristal. Las urracas reñían al resto de los pájaros y una brisa cálida me acariciaba el pelo. Sin pronunciar palabra, contemplamos el sol que, como una bola de fuego, se hundía detrás de los altos árboles, dejando jirones de azul claro y naranja en el cielo. Sentí que alguien me abrazaba por los hombros. Creí que era mi padre. Me volví y me henchí de orgullo al ver que mi madre me abrazaba con fuerza. Sentía los latidos de su corazón. Nunca me sentí tan a salvo ni tan querido como en ese momento en el río Russian.

3
UN NIÑO MALO

La relación con mamá cambió de modo drástico, pasando de la disciplina a los castigos descontrolados. A veces eran tan duros que carecía de fuerzas para escaparme a rastras, aunque eso implicara seguir con vida.

Es probable que, cuando era muy pequeño, mi voz se oyera más que otras. También tenía la desgracia de que siempre me pillaban haciendo algo malo, aunque mis hermanos y yo generalmente cometíamos el mismo "delito". Al principio, me enviaban a un rincón del dormitorio. Por aquel entonces, mamá ya me daba miedo. Mucho miedo. Nunca le pedía que me dejara salir. Me sentaba y esperaba a que uno de mis hermanos entrara en la habitación y le pedía que preguntara si David podía salir e ir a jugar.

En esa época, la conducta de mamá comenzó a cambiar radicalmente. A veces, mientras papá estaba trabajando, se pasaba todo el día tumbada en el sofá, en bata, viendo la televisión. Sólo se levantaba para ir al lavabo, para servirse otro trago o para calentar sobras de comida. Cuando nos gritaba, su voz pasaba de ser la de una madre dedicada a la de una malvada bruja. Poco tiempo después, el sonido de su voz comenzó a producirme escalofríos. Hasta cuando chillaba a uno de mis hermanos, corría a esconderme en nuestro cuarto, con la esperanza de que pronto volviera al sofá, a su bebida y a su programa de televisión. Pronto pude precisar qué día me esperaba por la forma en que se vestía. Suspiraba aliviado cuando la veía salir de su dormitorio con un vestido bonito y maquillada. En esos días siempre salía con una sonrisa.

Cuando mamá decidió que el "tratamiento del rincón" ya no era eficaz, pasó al "tratamiento del espejo". Al principio, era un tipo de castigo sin previo aviso. Mamá se limitaba a agarrarme, a pegarme la cara en el espejo y a restregármela, llena de lágrimas, por su superficie resbaladiza. Después me ordenaba que repitiera sin descanso: "¡Soy un niño malo! ¡Soy un niño malo! ¡Soy un niño malo!" Luego me obligaba a quedarme frente al espejo y a mirarme en él. Permanecía allí con los brazos pegados al cuerpo, balanceándome y temiendo el momento en que pusieran la segunda tanda de anuncios en la televisión. Sabía que mamá vendría inmediatamente a ver si seguía teniendo la cara contra el espejo y a decirme que era un niño horrible. Cuando mis hermanos entraban en la habitación mientras me hallaba frente al espejo, me miraban, se encogían de hombros y seguían jugando, como si no estuviera allí. Al principio me daban envidia, pero pronto me di cuenta de que lo único que intentaban era salvar el pellejo.

Cuando papá estaba trabajando, mamá gritaba y chillaba mientras nos obligaba a buscar por toda la casa algo que había perdido. La búsqueda empezaba por la mañana y duraba horas. Al cabo de un rato, me solía mandar a buscar al garaje, que se hallaba debajo de una parte de la casa, como si fuera un sótano. Incluso estando allí, temblaba al oír a mamá chillar a uno de mis hermanos.

Las búsquedas continuaron durante meses y, al final, fui el único elegido para buscar sus cosas. Un día se me olvidó lo que buscaba. Cuando le pregunté tímidamente qué era lo que tenía que encontrar, me dio una bofetada. Estaba tendida en el sofá y ni siquiera dejó de ver la televisión. Empezó a salirme sangre de la nariz y me eché a llorar. Mamá cogió una servilleta de la mesa, arrancó un trozo y me lo introdujo con fuerza en la nariz.

—Sabes muy bien lo que buscas —gritó—. Ahora ve a buscarlo.

Volví corriendo al sótano e hice suficiente ruido como para convencerla de que obedecía sus órdenes febrilmente. A medida que los "búscalo" de mamá se convirtieron en algo habitual, comencé a imaginar que encontraba lo que se había perdido. Me veía subiendo la escalera con mi premio y mamá me recibía con besos y abrazos. En mis fantasías incluía que la familia terminaba viviendo feliz para siempre. Pero nunca encontré ninguna de las cosas que mamá había perdido y siempre me recordaba que era un fracasado incompetente.

Cuando era muy pequeño me di cuenta de que mamá cambiaba como de la noche al día cuando papá volvía de trabajar. Cuando mamá se arreglaba el pelo y se ponía vestidos bonitos parecía más relajada. Me encantaba que papá estuviera en casa. Quería decir que no habría palizas, ni espejos, ni largas búsquedas de objetos perdidos. Papá se convirtió en mi protector. Cuando iba al garaje a trabajar, me iba con él. Si se sentaba en su silla preferida a leer el periódico, me tumbaba a sus pies. Por la noche, después de quitar la mesa, papá fregaba los platos y yo los secaba. Sabía que, mientras estuviera a su lado, nada malo me pasaría.

Un día, antes de salir para el trabajo, me dio un susto terrible. Después de despedirse de Ron y de Stan, se arrodilló, me cogió por los hombros con fuerza y me dijo que fuera "bueno". Mamá estaba detrás de él, con los brazos cruzados, y sonreía con suficiencia. Lo miré a los ojos y entonces supe, sin lugar a dudas, que era "un niño malo". Un escalofrío helado me recorrió el cuerpo. Quería abrazarme a él y no soltarlo, pero antes de que pudiera hacerlo, se levantó, se dio la vuelta y salió por la puerta sin añadir palabra.

Durante un corto período de tiempo después de la advertencia de papá, las cosas parecieron calmarse entre mamá y yo. Cuando papá estaba en casa, mis hermanos y yo jugábamos en nuestro cuarto o fuera de casa hasta las tres de la tarde. Después, mamá encendía la televisión para que viéramos los dibujos animados. Para mis padres, las tres de la tarde era la "hora feliz". Papá llenaba el mostrador de la cocina de botellas de alcohol y vasos altos y elegantes. Cortaba rodajas de limón verde y amarillo y las colocaba en platitos al lado de una jarrita con cerezas. Solían beber desde media tarde hasta que mis hermanos y yo nos acostábamos. Se abrazaban y parecían felices. Creía que podría olvidar los malos tiempos. Me equivocaba. Sólo era el principio.

Un domingo, uno o dos meses después, mientras papá estaba trabajando, mis hermanos y yo jugábamos en nuestro cuarto cuando oímos que mamá venía corriendo y gritando por el vestíbulo. Ron y Stan huyeron a esconderse en la sala. Me senté inmediatamente en mi silla. Mamá se me acercó con los brazos estirados y levantados. A medida que avanzaba, fui retrocediendo con la silla hacia la pared, hasta tocarla con la cabeza. Mamá tenía los ojos vidriosos y rojos y le olía a alcohol el aliento. Cerré los ojos cuando los golpes comenzaron a balancearme hacia uno y otro lado. Traté de cubrirme la cara con las manos, pero mamá me las quitaba a golpes. Parecía que los puñetazos nunca iban a acabar. Por fin, conseguí levantar el brazo izquierdo para cubrirme la cara. Al agarrármelo, mamá perdió el equilibrio y dio un paso hacia atrás tambaleándose. Mientras tiraba de mí con violencia para recuperar el equilibrio, sentí un chasquido y un intenso dolor en el hombro y en el brazo. La mirada sorprendida de mamá me indicó que también ella había oído el ruido, pero me soltó el brazo, se dio la vuelta y se fue como si nada hubiera pasado. Me sostuve el brazo contra el pecho mientras comenzaba a punzarme de dolor. Antes de que pudiera examinarlo, mamá me llamó para cenar.

Me dejé caer ante una bandeja frente al televisor y traté de comer. Al ir a coger un vaso de leche, el brazo izquierdo no me respondió. Los dedos se movieron al recibir la orden, pero el brazo estaba inerte y sentía en él un hormigueo. Miré a mamá con ojos suplicantes. No me hizo caso. Sabía que pasaba algo grave, pero estaba demasiado asustado para hablar. Me quedé sentado mirando la bandeja de comida. Por fin, mamá dejó que me fuera y me mandó a acostarme temprano, diciéndome que durmiera en la litera superior. Esto no era habitual, porque siempre dormía en la inferior. Casi al amanecer conseguí quedarme dormido, con el brazo izquierdo apoyado con cuidado en el derecho.

No llevaba mucho rato durmiendo cuando mamá me despertó y me explicó que me había caído de la litera durante la noche. Parecía muy preocupada por mi estado mientras me llevaba al hospital. Cuando le dijo al médico que me había caído de la litera, me di cuenta por la mirada que éste me dirigió que sabía que la lesión no era producto de un accidente. Volvía a estar demasiado asustado para hablar. En casa, mamá se inventó una historia todavía más dramática para papá. En la nueva versión incluyó sus esfuerzos para agarrarme antes de llegar al suelo. Sentado en su regazo y escuchando las mentiras que contaba a papá, supe que estaba enferma. Pero mi miedo convirtió el accidente en un secreto compartido. Sabía que, si lo contaba, el próximo "accidente" sería peor.

La escuela era un refugio para mí. Estaba encantado de estar separado de mamá. En el recreo me convertía en un salvaje. Corría por el patio cubierto de cortezas en busca de aventuras nuevas. Hacía amigos con facilidad y estaba muy contento de estar en la escuela. Un día, al final de la primavera, al volver a casa, mamá me metió en su habitación. Después me dijo gritando que no iba a pasar al segundo grado porque era un niño malo. No la entendía. Sabía que mis notas eran las mejores de toda la clase. Obedecía a la profesora y creía que yo le gustaba. Pero mamá continuó gritando que era la vergüenza de la familia y que me iba a castigar con severidad. Decidió que no volvería a ver la televisión. Me quedaría sin cenar y debería realizar todas las tareas domésticas que se le ocurrieran. Después de darme otra paliza, me mandó al garaje, a que estuviera de pie sin moverme, hasta que me llamara para irme a acostar.

Ese verano, sin previo aviso, me dejaron en casa de la tía Josie, de camino al cámping. Nadie me había dicho nada y no entendía el motivo. Me sentí marginado cuando la ranchera se alejó sin mí. Me sentía muy triste y vacío. Traté de escaparme de casa de mi tía. Quería encontrar a mi familia y, por alguna extraña razón, quería estar con mamá. No llegué muy lejos y, después, mi tía contó a mi madre mi intento de fuga. Cuando mi padre volvió a tener un turno de veinticuatro horas, pagué por mi pecado. Mamá me abofeteó, me dio puñetazos y patadas hasta que caí al suelo hecho un ovillo. Traté de explicarle que me había escapado porque quería estar con ella y con la familia. Traté de decirle que la había echado de menos, pero mamá me impidió hablar. Cuando lo volví a intentar, salió disparada al baño, cogió una pastilla de jabón y me la metió en la boca. A partir de entonces sólo me permitía hablar cuando me lo ordenaba.

Volver al primer curso fue una auténtica alegría. Me sabía las lecciones básicas e inmediatamente me gané el apodo de genio de la clase. Como no había pasado a segundo, estaba en el mismo curso que Stan. En el recreo iba a su clase a jugar. En la escuela éramos muy buenos amigos; sin embargo, ambos sabíamos que, en casa, no podíamos demostrarlo.

Un día volví corriendo a casa para enseñarles un trabajo escolar. Mamá me llevó a su dormitorio y me dijo gritando que había recibido una carta del polo Norte. Afirmaba que la carta decía que era "un niño malo" y que Santa Claus no me traería regalos en Navidad. Siguió chillando furiosa, diciéndome que, *de nuevo*, había avergonzado a la familia. Mientras me regañaba despiadadamente, yo estaba aturdido. Me parecía estar viviendo una pesadilla que mamá había creado y rezaba para que despertara. Antes de la Navidad de aquel año, sólo había dos regalos para mí al pie del árbol, que procedían de parientes fuera del círculo familiar más estrecho. La mañana del día de Navidad, Stan se atrevió a preguntar a mamá por qué Santa sólo me había traído dos dibujos para colorear. Le sermoneó diciendo:

—Santa Claus sólo trae juguetes a los niños *buenos*.

Stan me miró de soslayo. Había pena en sus ojos y supe que comprendía los extraños juegos de mamá. Como seguía castigado, el día de Navidad tuve que ponerme mi ropa de trabajo y realizar mis tareas domésticas. Mientras limpiaba el baño, oí una discusión entre papá y mamá. Estaba enfadada con él por haberme comprado los dibujos a sus espaldas. Mamá le dijo que era *ella* la encargada de disciplinar "al niño" y que había minado su autoridad al comprar los regalos. Cuanto más se defendía papá, más se enfadaba ella. Supe que papá había perdido y que cada vez me encontraba más aislado.

Unos meses después mamá se convirtió en monitora de los *scouts*. Cuando los demás niños venían a casa, los trataba a cuerpo de rey. Algunos me decían que ojalá sus madres fueran como la mía. Nunca les contestaba, pero me preguntaba qué pensarían si supieran la verdad. Pero sólo fue monitora unos meses. Cuando lo dejó, experimenté un gran alivio, porque implicaba que podía ir a casa de otros niños para la reunión de los miércoles.

Un miércoles volví del colegio para cambiarme de ropa y ponerme el uniforme azul y dorado de los lobatos. Mamá y yo estábamos solos en casa y, por su mirada, supe que estaba buscando con quién desquitarse. Después de golpearme la cara contra el espejo del dormitorio, me agarró del brazo y me arrastró al carro. Mientras me llevaba a la reunión, me contó lo que iba a hacerme cuando volviera a casa. Me desplacé con rapidez hacia el extremo más alejado del asiento delantero de la ranchera, pero no sirvió de nada. Extendió el brazo y me agarró por la barbilla, elevando mi cabeza hacia la suya. Tenía los ojos inyectados en sangre y la voz de una posesa. Cuando llegamos, corrí a la puerta llorando. Le dije a la monitora que me había portado mal y que no podía asistir a la reunión. Ella sonrió cortésmente y afirmó que le gustaría que fuera a la próxima reunión. Fue la última vez que la vi.

De vuelta a casa, mamá me ordenó que me desnudara y que me quedara de pie al lado de la cocina. El miedo y la vergüenza me hacían temblar. Entonces me reveló mi horrible delito. Me dijo que solía ir a la escuela a vernos jugar a mis hermanos y a mí durante el recreo de la hora de la comida. Afirmó que ese mismo día me había visto jugar en el césped, lo que, según sus normas, estaba totalmente prohibido. Contesté con rapidez que nunca jugaba en el césped. Sabía que mamá estaba equivocada. La recompensa que recibí por seguir las reglas de mamá y decir la verdad fue un puñetazo en la cara.

Mamá extendió el brazo y encendió los quemadores de la cocina. Me dijo que había leído un artículo sobre una madre que había obligado a su hijo a tumbarse en una cocina encendida. Me quedé horrorizado. El cerebro se me había petrificado y me temblaban las piernas. Quería desaparecer. Cerré los ojos deseando que ella no estuviera allí. El cerebro me dejó de funcionar cuando sentí que la mano de mamá me agarraba el brazo como si fuera un cepo.

—¡Has convertido mi vida en un infierno! —me dijo con desdén—. Ya es hora de que *te* enseñe cómo es el infierno.

Apretándome el brazo, lo puso en la llama de color naranja. Me pareció que la piel explotaba debido al calor. Olí los pelos chamuscados del brazo quemado. Aunque luché con todas mis fuerzas, no conseguí que mamá me soltara. Al final me caí al suelo en cuatro patas y traté de soplarme el brazo.

—¡Qué pena que no esté aquí el borracho de tu padre para salvarte! —dijo entre dientes.

Después me ordenó que me subiera a la cocina y que me tumbara sobre las llamas para verme arder. Me negué mientras lloraba y suplicaba. Estaba tan asustado que pataleé en señal de protesta. Pero mamá continuó tratando de subirme a la cocina. Yo observaba las llamas y rezaba para que nos quedáramos sin gas.

De repente me di cuenta de que, cuanto más tiempo pudiera evitar que me subiera a la cocina, mayores probabilidades tendría de seguir vivo. Sabía que mi hermano Ron volvería pronto de su reunión con los *scouts*, y también sabía que mamá nunca actuaba de modo tan extraño cuando había alguien más en casa. Para sobrevivir, tenía que ganar tiempo. Eché una mirada furtiva al reloj de la cocina que había detrás de mí. El segundero parecía avanzar muy lentamente. Para conseguir que mamá perdiera el equilibrio, comencé a hacerle preguntas con voz quejumbrosa, lo cual la enfureció aún más y comenzaron a lloverme golpes en la cabeza y en el pecho. ¡Cuanto más me pegaba, más cuenta me daba de que le estaba ganando! Cualquier cosa era preferible a arder en la cocina.

Por fin oí que se abría la puerta de entrada. Era Ron. El corazón se me llenó de alivio. Mamá se puso lívida. Sabía que había perdido. Permaneció inmóvil un momento. Aproveché ese instante para coger mi ropa y correr hacia el garaje, donde me vestí rápidamente. Me apoyé en la pared y comencé a gemir, hasta que me di cuenta de que había vencido *yo*. Era *yo* quien había ganado unos minutos preciosos y quien había usado el cerebro para sobrevivir. ¡Por primera vez, era *yo* quien había ganado!

Solo en aquel garaje húmedo y oscuro supe, por vez primera, que podía sobrevivir. Decidí emplear cualquier táctica que se me ocurriera para vencer a mamá o para desviarla de su sangrienta obsesión. Sabía que, si quería vivir, tendría que ser previsor. No podía seguir llorando como un bebé indefenso. Para sobrevivir, jamás debía rendirme ante ella. Ese día me juré que nunca más daría a esa arpía la satisfacción de oírme suplicarle que me dejara de pegar.

En el frío garaje me temblaba todo el cuerpo a causa de la ira y de un miedo intenso. Usé la lengua para chuparme las quemaduras y para aliviarme el dolor del brazo. Sentía deseos de gritar, pero me negué a proporcionar a mamá el placer de oírme. Me crecí. Oía a mamá hablar con Ron en el piso de arriba; le decía lo orgullosa que estaba de él y que no tenía que preocuparse de que se pareciera a David: un niño malo.

4
La lucha por la comida

El verano posterior al incidente de las quemaduras, la escuela se convirtió en mi única esperanza de escape. Salvo durante una excursión de pesca de escasa duración, la situación con mamá continuó siendo crítica: me pegaba y yo huía a la soledad del sótano. El mes de setiembre trajo consigo la vuelta a la escuela y la dicha. Tenía ropa nueva y una fiambrera nueva y brillante. Como mamá me obligaba a llevar la misma ropa semana tras semana, en octubre estaba gastada y rota, y olía mal. No se preocupaba de que me tapara los moretones que tenía en la cara y en los brazos. Cuando me preguntaban, tenía excusas preparadas que mamá me había grabado en el cerebro.

Por aquel entonces, mamá se "olvidaba" de darme de cenar. Y generalmente de desayunar. En el mejor de los casos, me dejaba comer las sobras de los cereales de mis hermanos, pero sólo si había acabado las tareas domésticas antes de ir a la escuela.

Por la noche tenía tanta hambre que me rugía el estómago como si fuera un oso furioso. Me quedaba despierto concentrándome en la comida. "Quizá mañana pueda cenar", me decía. Horas después me quedaba dormido fantaseando con la comida. Soñaba principalmente con hamburguesas colosales con todos los acompañamientos. En mis sueños cogía mi premio y me lo llevaba a la boca. Veía cada milímetro de hamburguesa. La carne chorreaba de grasa, y gruesas lascas de queso burbujeaban encima de ella. Los condimentos goteaban entre la lechuga y el tomate. Cuando acercaba la hamburguesa a la cara y abría la boca para devorarla, no sucedía nada. Lo intentaba una y otra vez, pero por mucho que me esforzara, no podía saborear ni un bocado de mi fantasía. Momentos más tarde me despertaba con el estómago más vacío que antes. No podía satisfacer mi hambre; ni siquiera en sueños.

Poco después de comenzar a soñar con comida, empecé a robarla en la escuela. Una mezcla de miedo y anticipación me contraía el estómago. Anticipación porque sabía que, en unos segundos, tendría algo con que llenarlo. Miedo porque también sabía que, en cualquier momento, me podían coger robando. Siempre robaba la comida antes de que comenzara la escuela, mientras mis compañeros jugaban fuera del edificio. Me dirigía a hurtadillas a la pared que estaba frente a mi aula matinal, dejaba caer mi fiambrera junto a otra y me arrodillaba para que nadie me viera rebuscando en su comida. Las primeras veces fue fácil, pero, al cabo de unos días, algunos alumnos comenzaron a descubrir que les faltaba el postre. En poco tiempo, mis compañeros empezaron a odiarme. El profesor informó al director, quien, a su vez, se lo contó a mamá. La lucha por la comida se hizo cíclica. Los informes del director a mamá se traducían en más palizas y menos comida en casa.

Los fines de semana, para castigarme por mis robos, mamá se negaba a darme de comer. El domingo por la noche se me hacía la boca agua mientras tramaba nuevas formas infalibles de robar comida sin que me cogieran. Una de ellas consistía en robar de otras aulas de primer grado, donde todavía no era tan conocido. Los lunes por la mañana salía disparado de la ranchera hacia una nueva aula de primero para rebuscar en las fiambreras. Me salió bien durante cierto tiempo, pero el director no tardó en descubrir que los robos eran obra mía.

En casa continuaba el doble castigo del hambre y los ataques violentos. Para entonces, a efectos prácticos, había dejado de ser miembro de la familia. Existía, pero no me reconocían. Mamá incluso había dejado de usar mi nombre: se refería a mí como "el Niño". No me permitían comer con ellos, ni jugar con mis hermanos, ni ver la televisión. No podía salir de casa. No se me permitía mirar ni hablar con nadie.

Cuando volvía del colegio, inmediatamente tenía que realizar las diversas tareas domésticas que mamá me asignaba. Cuando las terminaba, iba directamente al sótano, donde permanecía hasta que mamá me llamaba para quitar la mesa de la cena y lavar los platos. Tenía muy claro que, si me cogían sentado o tumbado en el sótano, las consecuencias serían terribles. Me había convertido en el esclavo de mamá.

Papá era mi única esperanza y hacía todo lo que podía para proporcionarme a escondidas algo de comida. Trataba de emborrachar a mamá, creyendo que el alcohol la pondría de mejor humor. Intentaba hacerla desistir de su idea de no darme de comer. Incluso intentaba hacer tratos con ella y le prometía lo que quisiera. Pero todos sus esfuerzos eran inútiles. Mamá era dura como una roca. En todo caso, sus borracheras empeoraban las cosas. Se volvía aún más monstruosa.

Sabía que los esfuerzos de papá para ayudarme generaban tensión entre mamá y él. Pronto comenzaron a producirse discusiones a medianoche. Desde la cama oía cómo se incrementaba el tempo hasta alcanzar un clímax estridente. Para entonces ya estaban los dos borrachos y mamá soltaba a voz en grito todas las expresiones vulgares imaginables. Daba igual el tema que iniciara la pelea: pronto era yo el objeto de discusión. Sabía que papá trataba de ayudarme, pero, a pesar de eso, temblaba de miedo en la cama. Sabía que papá iba a perder, lo que empeoraría mi situación al día siguiente. Las primeras veces que se pelearon, mamá se marchó hecha una furia en el carro, haciendo chirriar los neumáticos. Solía volver al cabo de menos de una hora. Al día siguiente ambos se comportaban como si nada hubiera pasado. Agradecía a papá que encontrara una excusa para bajar al sótano y darme a escondidas un trozo de pan. Siempre me prometía que lo seguiría intentando.

A medida que las discusiones entre ellos se volvieron más frecuentes, papá comenzó a cambiar. Con frecuencia, después de una de ellas, metía ropa para un día en una bolsa de viaje y se marchaba a trabajar en mitad de la noche. Cuando se iba, mamá me sacaba de la cama y me arrastraba a la cocina. Mientras tiritaba en pijama, me abofeteaba persiguiéndome de un extremo al otro de la habitación. Una de mis técnicas de resistencia era tumbarme en el suelo fingiendo no tener fuerzas para sostenerme de pie. Dicha táctica no me duró mucho. Mamá me levantaba por las orejas y se pasaba varios minutos gritándome a la cara, con su aliento que olía a whisky. Esas noches su mensaje siempre era el mismo: yo constituía el motivo de que papá y ella tuvieran problemas. Con frecuencia me sentía tan cansado que las piernas me temblaban. Mi única salida era mirar fijamente el suelo y esperar que mamá se quedara pronto sin resuello.

Cuando estaba en segundo grado, mamá quedó embarazada de su cuarto hijo. Mi profesora, la señorita Moss, comenzó a mostrar un interés especial por mí. Primero me preguntó por qué no prestaba atención. Le mentí, diciéndole que me había quedado viendo la televisión hasta tarde. Mis mentiras no resultaron convincentes y continuó indagando no sólo sobre por qué tenía sueño, sino también sobre el estado de mi ropa y sobre los moretones que tenía en el cuerpo. Mamá siempre me instruía en lo que tenía que decir sobre mi aspecto, así que me limité a transmitir sus palabras a la profesora.

Pasaron lentamente los meses y la señorita Moss insistía cada vez más. Por fin, un día, informó al director de sus preocupaciones. Éste me conocía bien por haber robado comida, así que llamó a mamá. Ese día, cuando volví a casa, fue como si hubieran lanzado una bomba atómica. Mamá actuó con más violencia que nunca. Estaba furiosa porque un profesor hippy la había acusado de maltrato infantil. Me dijo que vería al director al día siguiente para desmentir todas esas falsas acusaciones. Al final de la sesión, me había sangrado la nariz dos veces y me faltaba un diente.

Cuando volví de la escuela la tarde siguiente, mamá sonrió como si hubiera ganado un millón de dólares en las carreras. Me contó que se había puesto muy elegante para ver al director y que se había presentado con Russell, su bebé, en brazos. Me dijo que había explicado al director que David tenía una imaginación excesiva. Le dijo que, desde el nacimiento de su nuevo hermano, Russell, David solía golpearse y arañarse él mismo para llamar la atención. Me la imaginaba utilizando, con el director, su encanto de serpiente, mientras abrazaba a Russell. Al final de su charla, mamá le dijo que estaría encantada de colaborar con la escuela, que podían llamarla siempre que hubiera algún problema con David. Me dijo que se había instruido al personal de la escuela para que no prestara atención a mis historias fantásticas de que me pegaban o de que no me daban de comer. Ese día, en la cocina, al oírla jactarse, me sentí completamente vacío. Mientras me hablaba de la reunión, me di cuenta de que se había incrementado su seguridad, y esta nueva seguridad me hizo temer por mi vida. ¡Ojalá pudiera disolverme y desaparecer para siempre! ¡Ojalá no tuviera que volver a ver a un ser humano!

Ese verano fuimos de vacaciones al río Russian. Aunque mi relación con mamá mejoró, la magia había desaparecido. Las carreras por el heno, los asados y los cuentos eran cosas del pasado. Pasábamos cada vez más tiempo en el bungalow. Rara vez íbamos a la playa de Johnson.

Papá trató de que nos divirtiéramos más llevándonos a los tres a jugar en el nuevo supertobogán. Russell, que aún era muy pequeño, se quedaba en el bungalow con mamá. Un día, cuando

Ron, Stan y yo jugábamos en el bungalow de los vecinos, mamá salió al porche y nos llamó chillando para que volviéramos en seguida. Cuando entramos, me regañó por hacer demasiado ruido. Como castigo, no me permitió ir con mi padre y mis hermanos al tobogán. Me senté temblando en una silla, en un rincón, con la esperanza de que sucediera algo que les impidiera marcharse. Sabía que mamá planeaba algo terrible. En cuanto salieron, trajo un pañal sucio de Russell. Me lo restregó por la cara. Traté de seguir sentado sin moverme. Sabía que, si me movía, sería peor. No miré hacia arriba. No la veía sobre mí, pero la oía respirar pesadamente.

Al cabo de lo que me pareció una hora, mamá se arrodilló a mi lado y con voz suave me dijo:

—¡Cómetelo!

Miré hacia adelante, evitando sus ojos. "¡Ni hablar!", me dije. Como tantas otras veces, evitarla era lo que no debía hacer. Mamá me abofeteó. Me agarré a la silla por temor a que, si me caía, me saltara encima.

—He dicho que te lo comas —me dijo con sorna.

Cambiando de táctica, me eché a llorar. "Cálmala", pensé. Comencé a contar, tratando de concentrarme. El tiempo era mi único aliado. Mamá respondió a mi llanto con más golpes en la cara, y sólo se detuvo al oír llorar a Russell.

Aunque tenía la cara llena de excrementos, estaba contento. Creía que podía ganar. Traté de quitarme la

Por favor escriba en letra MAYÚSCULA.

ENCUESTA AL LECTOR

BC2

A nosotros nos importa su opinión. Por favor tome un momento de su tiempo para llenar esta tarjeta y envíela por correo. Nosotros le enviaremos información sobre nuestros nuevos libros y **un regalo muy especial. Gracias.**

Nombre |___|___|___|___|___|___|___|___|___| Inicial |___| Apellido |___|___|___|___|___|

Dirección |___|___|___|___|___|___|___|___|___|___|___|___|___|___|___|___|

Ciudad |___|___|___|___|___|___| Estado |___|___| Zona Postal |___|___|___|___|___| — |___|___|___|___|

Numero de
Teléfono (|___|___|___|) |___|___|___| — |___|___|___|___| Fax # (|___|___|___|) |___|___|___| — |___|___|___|___|

Dirección de correo electrónico |___|___|___|___|___|___|___|___|___|___|___|___|___|___|___|___|

(1) Sexo:
___ Femenina   ___ Masculino

(2) Edad:
___ 12 o menos   ___ 40-59
___ 13-19   ___ 60 o más
___ 20-39

(5) ¿Recibió este libro como regalo?
___ Si   ___ No

(6) ¿Como supo de este libro?
Por favor marque UNA
1) ___ Recomendación
2) ___ Exhibición en librería
3) ___ Lista de los libros más vendidos
4) ___ Internet
5) ___ Anuncio
6) ___ Entrevista a un autor

**(4) En los últimos doce meses,
¿cuántos libros a comprado o leído?**
En Español   1-3 ___   4-6 ___   7-9 ___
10 o más ___
En Ingles   1-3 ___   4-6 ___   7-9 ___

**(7) ¿Usualmente donde compra libros?
Por favor seleccione sus DOS
respuestas favoritas**
1) ___ Librería
2) ___ Almacén religioso
3) ___ Clubs de ahorro (Costco, Sam's Club, etc.)
4) ___ Otros almacenes (Target, WalMart, etc.)
Comments:
_____

mierda y la fui tirando al suelo de madera. Oía a mamá cantar dulcemente a Russell y me lo imaginé mecido en sus brazos. Rogué que no se durmiera. Unos minutos después se acabó mi suerte.

Mamá, aún sonriente, volvió a su presa. Me cogió por la nuca y me llevó a la cocina. Allí, extendido sobre la mesa de la cocina, había otro pañal lleno. El olor me revolvió el estómago.

—Ahora te lo vas a comer —me dijo.

Tenía la misma mirada que el día que quiso subirme a la cocina de nuestra casa. Sin mover la cabeza, desplacé los ojos buscando el reloj del color de las margaritas que había en la pared. Tardé unos segundos en darme cuenta de que estaba detrás de mí. Sin el reloj, me sentía indefenso. Sabía que tenía que concentrarme en algo para controlar de algún modo la situación. Antes de que pudiera encontrar el reloj, las manos de mamá me asieron por el cuello. Volvió a repetir:

—¡Cómetelo!

Contuve la respiración. El olor era insoportable. Traté de concentrarme en la esquina superior del pañal. Los segundos parecían horas. Mamá debió de darse cuenta de lo que planeaba. De un manotazo me metió la cabeza en el pañal y me la restregó de un lado a otro.

Preví sus movimientos. Al sentir que me obligaba a bajar la cabeza, cerré los ojos y la boca con fuerza. El primer golpe fue en la nariz. Una cálida sensación rezumó por sus orificios. Traté de detener la salida de la sangre inspirando. Inhalé trozos de excrementos con la sangre. Me agarré con fuerza al mostrador y traté de desprenderme de las garras de mamá. Me retorcí con todas mis fuerzas, pero era demasiado fuerte. De pronto, me soltó.

—¡Han vuelto! ¡Han vuelto! —jadeó.

Cogió rápidamente un paño del fregadero y me lo lanzó.

—Límpiate la mierda de la cara —bramó mientras frotaba las manchas marrones del mostrador.

Me limpié la cara lo mejor que pude, no sin antes expulsar trozos de heces por la nariz. Al cabo de unos momentos, mamá me introdujo un trozo de servilleta en la nariz llena de sangre y ordenó que me sentara en un rincón. Permanecí sentado allí lo que quedaba de la tarde, sin que el olor de los restos del pañal me abandonara.

Mi familia nunca volvió al río Russian.

En setiembre regresé a la escuela con la ropa del año anterior y mi antigua fiambrera verde y oxidada. Era la imagen de la vergüenza. Mamá me ponía la misma comida en la fiambrera todos los días: dos emparedados de mantequilla de maní y unos bastoncillos de zanahoria resecos. Como que ya no era miembro de la familia, no se me permitía ir a la escuela en la ranchera familiar. Mamá me obligaba a ir corriendo. Sabía que no llegaría a tiempo de robar comida a mis compañeros.

En la escuela me hallaba totalmente marginado. Ningún niño se relacionaba conmigo. En el recreo de la comida engullía los emparedados mientras escuchaba a mis antiguos amigos inventarse canciones sobre mí. "David, el ladrón de comida" y "Pelzer, el apestoso" eran dos de las favoritas en el patio. No tenía a nadie con quien hablar o jugar. Me sentía muy solo.

En casa, mientras permanecía de pie en el garaje horas y horas, me entretenía imaginando nuevas formas de alimentarme. De vez en cuando, papá trataba de entregarme a hurtadillas restos de comida, pero con escaso éxito. Me convencí de que, para sobrevivir, tendría que confiar en mí mismo. En la escuela había agotado todas las posibilidades. Todos los alumnos escondían sus fiambreras o las metían en el armario de los abrigos de la clase, que se cerraba con llave. Los profesores y el director me conocían y vigilaban. Las posibilidades que tenía de seguir robando eran nulas o escasas.

Al final concebí un plan que podía salir bien. Los alumnos no estaban autorizados a marcharse del patio durante el recreo de la comida, así que nadie esperaría que yo lo hiciera. Mi idea era salir sin ser visto, ir corriendo a la tienda de comestibles de la zona y robar galletas, pan, papas fritas o lo que pudiera. Planeé mentalmente cada paso de mi proyecto. Mientras corría a la escuela a la mañana siguiente, conté las zancadas para calcular el ritmo que llevaba y aplicarlo después a mi carrera hacia la tienda. Al cabo de unas semanas tenía toda la información precisa. Lo único que me quedaba por hacer era reunir el valor necesario para llevar a cabo mi plan. Sabía que tardaría más en ir de la escuela a la tienda, porque había que subir una colina, de modo que me concedí quince minutos. La vuelta, cuesta abajo, sería más fácil, así que calculé diez minutos, lo que significaba que sólo podía estar diez minutos en la tienda.

Cada día, al ir y al volver de la escuela, trataba de correr más de prisa, alargando la zancada como si fuera un corredor de maratón. A medida que pasaban los días y mi plan ganaba en solidez, las ensoñaciones sustituían al hambre. Fantaseaba cuando realizaba las tareas domésticas. Mientras fregaba el suelo del baño de rodillas, imaginaba que era el príncipe del cuento *El príncipe y el mendigo*. En calidad de príncipe, sabía que podía dar por terminada la farsa de comportarme como un criado en cuanto quisiera. En el sótano permanecía de pie totalmente inmóvil, con los ojos cerrados, soñando que era el héroe de un libro de historietas. Pero mis sueños se veían interrumpidos por punzadas de hambre, y mis pensamientos pronto volvían al plan para robar comida.

Cuando tuve la seguridad de que mi plan era infalible, estaba demasiado asustado para ponerlo en práctica. En el recreo de la comida deambulaba por el patio buscando excusas que justificaran mi falta de agallas para ir corriendo a la tienda. Me decía que me cogerían o que mis cálculos temporales no eran precisos. Durante las discusiones conmigo mismo, el estómago me rugía y me llamaba cobarde. Por fin, tras varios días sin cenar y de desayunar sólo las sobras, decidí hacerlo. Segundos después de que sonara el timbre, salí corriendo calle arriba y me alejé del colegio con el corazón palpitante y los pulmones a punto de estallar. Llegué a la tienda en la mitad del tiempo que había calculado. Mientras recorría de un lado a otro sus pasillos, me parecía que todos me miraban, que todos los clientes hablaban del niño harapiento que apestaba. Fue entonces cuando supe que mi plan estaba condenado a fracasar, porque no había tenido en cuenta qué pensarían los demás de mi aspecto. Cuanto más me preocupaba por él, más se me contraía el estómago por el miedo. Me quedé paralizado en un pasillo sin saber qué hacer. Comencé a contar los segundos lentamente, a recordar todas las veces en que había pasado hambre. De repente, sin pensarlo, cogí lo primero que vi en el estante, salí corriendo de la tienda y volví a la escuela. Firmemente agarrado en la mano llevaba mi premio: un paquete de galletas integrales.

Al aproximarme a la escuela escondí mi preciada posesión en la camisa, por el lado en que no tenía agujeros, mientras cruzaba el patio. Una vez dentro, tiré el paquete al cubo de la basura del servicio de los niños. Más tarde, tras excusarme ante el profesor, volví para devorar mi premio. Se me hacía la boca agua, pero se me cayó el alma a los pies cuando vi que el cubo estaba vacío. Todos mis cuidadosos planes y todo el esfuerzo que me había costado convencerme de que comería habían sido en vano. La mujer de la limpieza había vaciado el cubo antes de que pudiera escaparme al servicio.

Ese día mi plan fracasó, pero otras veces tuve suerte. En una ocasión conseguí esconder mi tesoro en el pupitre del aula matinal, pero al día siguiente me enteré de que me habían trasladado a la escuela del otro lado de la calle. Me alegré del cambio, salvo por el hecho de haber perdido la comida robada. Ahora tenía una nueva licencia para robar. No sólo pude volver a robar comida a mis compañeros, sino que también iba a la tienda de comestibles una vez por semana. A veces, en la tienda, si no me parecía que todo iba bien, no robaba nada. Al final, como siempre, me cogieron. El encargado llamó a mamá. En casa me pegó sin compasión. Mamá sabía por qué robaba comida y papá también, pero siguió negándose a darme de comer. Cuantas más ganas tenía de comer, más me esforzaba en concebir un plan mejor para robar.

Después de cenar, mamá tenía la costumbre de echar las sobras de los platos en un cubo de basura pequeño. A continuación me llamaba para que subiera del sótano, donde había permanecido de pie mientras mi familia cenaba. Me correspondía la tarea de fregar los platos. De pie, con las manos metidas en el agua hirviendo, olía los restos de la cena que había en el cubo. Al principio, lo que se me ocurrió me produjo náuseas, pero, cuanto más lo pensaba, mejor me parecía. Era mi única esperanza de conseguir comida. Terminé de fregar los platos lo más rápidamente que pude y vacié el cubo en el garaje. Se me hizo la boca agua ante la vista de la comida y fui cogiendo con precaución los trozos buenos para comer, quitándoles los pedacitos de papel y las colillas, y engulléndolos con la máxima rapidez.

Como siempre, mi nuevo plan finalizó bruscamente cuando mamá me sorprendió en plena faena. Durante varias semanas dejé de buscar comida en la basura, pero pronto tuve que volver a hacerlo para hacer callar mi rugiente estómago. Una vez comí unas sobras de carne de cerdo. Horas después me retorcía de dolor. Estuve una semana con diarrea. Mientras estaba enfermo, mamá me dijo que, antes de tirar la carne, la había dejado a propósito dos semanas en la nevera para que se echara a perder. Sabía que no podría resistir el deseo de robarla. Más adelante tuve que subir el cubo de la basura para que lo inspeccionara mientras estaba tumbada en el sofá. Nunca supo que envolvía comida en toallitas de papel y la escondía en el fondo del cubo. Sabía que no querría ensuciarse las manos revolviendo en el cubo, por lo que mi plan funcionó durante cierto tiempo.

Mamá presentía que obtenía comida de alguna manera, así que comenzó a echar amoníaco en el cubo. A partir de entonces tuve que dejarlo y concentrarme en hallar otra forma de conseguir comida en la escuela. Después de que me cogieran robando la comida de otros niños, se me ocurrió robar comida congelada de la cafetería de la escuela.

Controlé el momento de ir al servicio, de modo que el profesor me diera permiso para salir de clase justo después de que el camión de reparto hubiera dejado su cargamento de comidas congeladas. Entré sigilosamente en la cafetería, cogí varias bandejas con comida congelada y corrí al servicio. Solo en él, me tragué, en pedazos grandes, los perritos calientes y las croquetas de papa, y lo hice tan de prisa que casi me ahogo. Después de llenarme el estómago volví a clase, sintiéndome orgulloso de haber conseguido comer.

Esa tarde, mientras volvía corriendo del colegio, lo único en lo que podía pensar era en robar comida de la cafetería al día siguiente. Unos minutos más tarde, mamá me hizo cambiar de opinión. Me llevó a rastras al baño y me golpeó en el estómago con tanta fuerza que me retorcí de dolor. Tiró de mí para situarme frente al retrete y me ordenó que me metiera los dedos en la boca. Me resistí. Traté de poner en práctica el viejo truco de contar en silencio mientras miraba el inodoro de porcelana: "Uno . . . dos . . ." No llegué a tres. Mamá me introdujo con fuerza el dedo en la boca, como si quisiera sacarme el estómago por la garganta. Me retorcí en todas direcciones en un intento de resistirme. Por fin me soltó, pero sólo después de que aceptara vomitar solo.

Sabía lo que iba a suceder a continuación. Cerré los ojos mientras los pedazos de carne roja caían al retrete. Mamá estaba detrás de mí, con las manos en las caderas, y me dijo:

—Ya lo suponía. Se lo voy a contar a tu padre.

Tensé el cuerpo en espera de la lluvia de golpes que sabía que me caería encima, pero nada sucedió. Al cabo de unos segundos me di la vuelta y descubrí que mamá se había marchado. Sabía que el incidente no había acabado. Instantes después, mamá volvió con un cuenco pequeño y me ordenó que sacara la comida a medio digerir del retrete y la pusiera en el cuenco. Como papá estaba haciendo la compra, reunía pruebas para cuando regresara.

Más tarde, esa noche, después de haber acabado todas mis tareas domésticas, mamá me dejó de pie al lado de la mesa de la cocina mientras hablaba con papá en el dormitorio. Frente a mí estaba el cuenco con los perritos calientes que había vomitado. No podía mirarlo, así que cerré los ojos y traté de imaginar que me encontraba lejos de la casa. Poco tiempo después, papá y mamá irrumpieron en la cocina.

—Mira, Steve —gritó mamá, señalando el cuenco—. Así que crees que el Niño ha dejado de robar comida, ¿verdad?

Por la mirada de papá supe que se estaba cansando de la constante rutina de "lo que el Niño ha hecho ahora". Mirándome, movió la cabeza en señal de desaprobación y farfulló:

—Bueno, Roerva, si le dieras *algo* de comer...

Una encendida batalla verbal se desató ante mí y, como siempre, mamá ganó.

—¿COMER? ¿Quieres que el Niño coma, Stephen? ¡Pues el Niño va a comer! ¡Que se coma esto! —dijo a voz en grito mientras empujaba el cuenco hacia mí y se marchaba furiosa al dormitorio.

La cocina se quedó tan silenciosa que oía la respiración agitada de papá. Me puso suavemente la mano en el hombro y me dijo:

—Espera, Tigre. Veré qué puedo hacer.

Volvió al cabo de unos minutos, después de tratar de disuadir a mamá. Por la triste mirada de sus ojos supe inmediatamente quién había vencido.

Me senté en una silla y saqué con la mano los trozos de carne del cuenco. Grumos de saliva espesa se me escurrían por los dedos al llevármelos a la boca. Mientras trataba de tragármelos, me eché a llorar. Me volví hacia papá, que me miraba con una bebida en la mano. Me indicó con la cabeza que continuara. No podía creer que se limitara a quedarse allí mientras me comía el repugnante contenido del cuenco. Entonces supe que nos estábamos distanciando cada vez más.

Traté de tragar sin saborear, hasta que sentí que una mano me oprimía la nuca.

—¡Mastícalo! —gruñó mamá—. ¡Cómetelo! ¡Cómetelo todo! —dijo señalando la saliva.

Me hundí en la silla. Un mar de lágrimas me corría por las mejillas. Después de masticar la porquería del cuenco, eché la cabeza hacia atrás para obligarme a pasar por la garganta lo que quedaba. Cerré los ojos y me grité en silencio para evitar que me volviera a la boca. No abrí los ojos hasta estar seguro de que mi estómago no rechazaría la comida de la cafetería. Cuando los abrí miré a papá, que se dio la vuelta para evitar ver mi dolor. En ese momento sentí un odio infinito hacia mi madre, pero aún más hacia mi padre. El hombre que me había ayudado en el pasado permanecía inmóvil como una estatua, mientras su hijo comía lo que ni siquiera un perro tocaría.

Cuando acabé el cuenco de perritos regurgitados, mamá volvió en bata y me tiró un fajo de periódicos. Me dijo que eran mis mantas y que el suelo de debajo de la mesa era ahora mi cama. Volví a echar una mirada a papá, pero se comportó como si yo no estuviera en la habitación. Tratando de no llorar delante de ellos, me arrastré debajo de la mesa, completamente vestido, y me cubrí con los papeles, como una rata en una jaula.

Dormí durante meses bajo la mesa de la cocina, al lado de la caja de arena para gatos, pero no tardé en aprender a usar los periódicos en beneficio propio. Envuelto en ellos, el calor de mi cuerpo me mantenía caliente. Al final, mamá me dijo que no era digno de dormir arriba, por lo que fui desterrado al garaje. Mi cama era ahora un antiguo catre militar. Para estar caliente trataba de colocar la cabeza cerca del calentador. Pero al cabo de unas noches frías, me di cuenta de que lo mejor era poner las manos debajo de los brazos y encoger las piernas. A veces me despertaba por la noche y trataba de imaginar que era una persona de verdad, que dormía bajo una manta eléctrica, sabiendo que estaba a salvo y que alguien me quería. La imaginación me sirvió durante cierto tiempo, pero las noches frías siempre me devolvían a la realidad. Sabía que nadie me podía ayudar. Ni mis profesores, ni mis llamados hermanos, ni siquiera mi padre. Estaba solo y todas las noches rezaba a Dios para ser fuerte en cuerpo y alma. En la oscuridad del garaje yacía tiritando en el catre de madera hasta que me vencía un sueño intranquilo.

Una vez, durante mis fantasías nocturnas, se me ocurrió la idea de pedir comida en la calle, de camino a la escuela. Aunque la "inspección de vómitos" después de la escuela se realizaba todos los días, creía que la comida que tomara por la mañana ya estaría digerida por la tarde. Cuando echaba a correr hacia la escuela, me aseguraba de hacerlo extremadamente de prisa para tener más tiempo de conseguir comida. Después modificaba el trayecto y me paraba y llamaba a las puertas. Preguntaba a la señora que salía a abrir si, por casualidad, no había visto una fiambrera cerca de su casa. En general, mi plan funcionaba. Al mirar a las señoras sabía que les daba lástima. De forma previsora empleaba un nombre falso para que nadie supiera quién era. Mi plan funcionó durante semanas, hasta que un día fui a casa de una señora que conocía a mi madre. Mi historia "He perdido el almuerzo. ¿Me podría preparar algo de comer?", sometida a prueba a lo largo del tiempo, se vino abajo. Incluso antes de abandonar la casa ya sabía que llamaría a mamá.

Ese día, en la escuela, rogué que llegara el fin del mundo. Mientras me removía inquieto en clase, sabía que mamá estaría tumbada en el sofá, viendo la televisión cada vez más borracha, mientras planeaba algo horrible para hacerme cuando volviera a *su* casa de la escuela. Esa tarde, al volver corriendo del colegio, parecía que tenía en los pies bloques de cemento. A cada zancada rogaba que la amiga de mi madre no la hubiera llamado o que me hubiera confundido con otro niño. El cielo era azul y sentía los rayos del sol calentarme la espalda. Al aproximarme a casa de mamá, elevé la vista hacia el sol preguntándome si lo volvería a ver. Abrí la puerta principal con cuidado, entré sigilosamente y bajé de puntillas las escaleras del garaje. Suponía que, en cualquier momento, mamá se lanzaría escaleras abajo y me pegaría sobre el suelo de cemento. No vino. Después de ponerme la ropa de faena, subí silenciosamente a la cocina y comencé a fregar los platos de la comida de mamá. Como no sabía dónde estaba, las orejas se me transformaron en antenas de radar en busca de su posición exacta. Mientras fregaba los platos, tenía la espalda tensa a causa del miedo. Me temblaban las manos y no podía concentrarme en la tarea. Por fin oí a mamá salir de su cuarto y cruzar el vestíbulo hacia la cocina. Durante unos instantes miré por la ventana. Oía las risas y los gritos de los niños que jugaban. Cerré los ojos e imaginé que era uno de ellos. Me sentí reconfortado. Sonreí.

El corazón me dejó de latir al sentir el aliento de mamá en el cuello. Dejé caer un plato, sobresaltado, pero lo cogí al vuelo, antes de que llegara al suelo.

—Eres un mierdecilla rápido, ¿verdad? —me dijo con sorna—. Corres de prisa y tienes tiempo de pedir comida. Bueno . . . pues vamos a ver lo rápido que eres.

Puesto que suponía que me iba a pegar, tensé el cuerpo en espera del golpe. Como no lo hizo, creí que se marcharía y volvería a su programa televisivo, pero tampoco sucedió eso. Mamá se quedó detrás de mí, a unos centímetros de distancia, observando cada uno de mis movimientos. Veía su reflejo en la ventana de la cocina. Mamá también lo veía y le sonreía. Casi me oriné en los pantalones.

Cuando acabé de lavar los platos, comencé a limpiar el baño. Mamá se sentó en el retrete mientras yo frotaba la bañera. Cuando me puse a fregar el suelo de rodillas, se colocó detrás de mí tranquila y silenciosamente. Creía que me rodearía y que me patearía la cara, pero no lo hizo. A medida que continuaba con las tareas, la ansiedad que experimentaba iba en aumento. Sabía que me iba a pegar, pero no sabía cómo, cuándo ni dónde. Me pareció que tardaba siglos en acabar el baño. Cuando lo hice, me temblaban las piernas y los brazos, porque preveía lo que iba a pasar. No podía concentrarme en otra cosa que no fuera ella. Cuando reunía el valor de mirarla, sonreía y me decía:

—Más de prisa, jovencito. Tienes que hacerlo mucho más de prisa.

A la hora de la cena estaba exhausto a causa del miedo. Casi me quedé dormido mientras esperaba que mamá me llamara para quitar la mesa y para fregar los platos de la cena. De pie y solo en el garaje, se me soltó la tripa. Deseaba desesperadamente correr escaleras arriba al servicio, pero sabía que, sin el permiso de mamá para moverme, estaba prisionero. "Quizá es lo que tiene planeado para mí —me dije—.

Quizá quiera que me beba mi propia orina". En principio era un pensamiento demasiado crudo, pero sabía que tenía que estar preparado para cualquier cosa que se le ocurriera a mamá contra mí. Cuanto más trataba de centrarme en lo que podía hacerme, más se debilitaba mi fuerza interior. De pronto se me ocurrió una idea. Supe por qué había seguido cada uno de mis pasos. Quería mantener una presión constante sobre mí, al impedirme saber con certeza cuándo y dónde me atacaría. Antes de que pudiera idear un medio para vencerla, me llamó gritando para que subiera. En la cocina me dijo que sólo me salvaría la velocidad de la luz, por lo que más me valía fregar los platos en un tiempo récord.

—Por supuesto —me dijo con sorna—, ni que decir tiene que no vas a cenar esta noche, pero no te preocupes. Tengo un remedio para tu hambre.

Después de acabar las tareas nocturnas, mamá me ordenó que esperara abajo. Me quedé de pie, con la espalda apoyada en la dura pared, preguntándome qué planeaba. No tenía ni idea. Me invadió un sudor frío que parecía filtrárseme hasta los huesos. Me sentía tan cansado que me dormí de pie. Al sentir que la cabeza se me inclinaba hacia adelante, la enderecé inmediatamente, lo que me despertó. Por mucho que me esforzara en permanecer despierto, no podía controlar la cabeza, que se elevaba y descendía como un corcho en el agua. En ese estado de trance, sentí que la tensión separaba mi alma del cuerpo, como si yo también estuviera flotando. Me sentía ligero como una pluma, hasta que volvía a dar una cabezada y me despertaba sobresaltado. Sabía que no podía dormirme profundamente. Si me descubrían, podía ser mortal, así que lo evité mirando por la ventana del garaje, escuchando los sonidos de los carros que pasaban y observando las luces rojas intermitentes de los aviones que sobrevolaban la casa. Desde lo más profundo de mi corazón deseé poder marcharme volando.

Horas después de que Ron y Stan se acostaran, mamá me ordenó que volviera arriba. A cada paso crecía mi miedo. Sabía que había llegado la hora. Me había dejado exhausto física y emocionalmente. No sabía lo que planeaba. Sólo quería que me pegara y que acabáramos de una vez.

Al abrir la puerta, la calma se adueñó de mi espíritu. La casa estaba a oscuras, salvo una lucecita que había en la cocina. Vi a mamá sentada a la mesa del desayuno. Permanecí totalmente inmóvil. Sonrió y me di cuenta, por sus hombros caídos, de que la bebida la había sumido en un completo sopor. No sé por qué, pero sabía que no me iba a pegar. Se me nubló la mente, pero desperté del trance cuando mamá se levantó y se dirigió al fregadero. Se arrodilló, abrió el armario que había debajo y sacó una botella de amoníaco. Yo no comprendía. Cogió una cuchara y echó amoníaco en ella. Estaba tan nervioso que no podía pensar. Por más que lo intentaba, no conseguía que mi atontado cerebro funcionara.

Con la cuchara en la mano, mamá comenzó a aproximarse lentamente hacia mí. Parte del amoníaco de la cuchara se derramó y cayó al suelo, y yo retrocedí hasta que mi cabeza topó con el mostrador que había al lado de la cocina. Casi me reía por dentro. "¿Eso es todo? ¿Ya está? ¿Lo único que va a hacerme es obligarme a tragar eso?", me dije.

No tenía miedo. Estaba demasiado cansado. Lo único que pensaba era: "Venga, vamos. Acabemos de una vez". Mientras se inclinaba hacia mí, me volvió a decir que sólo la rapidez me salvaría. Traté de entender el enigma, pero mi mente estaba poco clara.

Abrí la boca sin vacilar y mamá me metió con fuerza la cuchara. Me repetí que aquello era muy fácil, pero un instante después no podía respirar. Se me agarrotó la garganta. Me tambaleé frente a mamá y me pareció que los ojos se me salían de las órbitas. Caí al suelo en cuatro patas. "¡Una burbuja!", me gritó el cerebro. Golpeé el suelo de la cocina con todas mis fuerzas, tratando de tragar y de concentrarme en la burbuja de aire atascada en mi esófago. Estaba aterrorizado. Lágrimas de pánico me corrían por las mejillas. Al cabo de unos segundos sentí que la fuerza de mis puños se debilitaba. Arañé el suelo. Fijé la vista en el suelo. Parecía que los colores se mezclaban. Comencé a perder el sentido. Supe que iba a morir.

Al recuperar la conciencia, sentí que mamá me daba palmadas en la espalda. La fuerza de los golpes hizo que eructara y volviera a respirar. Mientras inspiraba profundamente para devolver el aire a mis pulmones, mamá volvió a coger su bebida. Echó un gran trago y sopló en mi dirección.

—No ha sido para tanto, ¿verdad? —me dijo terminándose el vaso antes de mandarme abajo, a mi catre.

La noche siguiente se repitió la función, pero esta vez delante de papá. Le dijo vanagloriándose:

—¡Esto enseñará al Niño a no robar comida!

Yo sabía que sólo lo hacía por el placer enfermo y malsano que le proporcionaba. Papá permaneció inerte mientras mamá me daba otra dosis de amoníaco. Pero esta vez me defendí. Tuvo que abrirme la boca a la fuerza y, al mover la cabeza a un lado y a otro, conseguí que se derramara la mayor parte del líquido. Pero no lo suficiente. Volví a golpear el suelo con los puños. Miré a papá tratando de llamarlo. Pensaba con claridad, pero de mi boca no salía ningún sonido. Papá se limitó a mirarme desde arriba, sin mostrar emoción alguna, mientras mis manos golpeaban el suelo al lado de sus pies. Como si se arrodillara para acariciar uno de sus perros, mamá volvió a palmearme la espalda varias veces antes de desmayarme.

A la mañana siguiente, mientras limpiaba el baño, me miré al espejo para examinarme la lengua quemada. Había capas de piel levantada y lo que quedaba estaba rojo y en carne viva. Me quedé mirando el lavabo y pensé lo afortunado que era por seguir vivo.

Aunque mamá nunca me volvió a obligar a beber amoníaco, me hizo tomar algunas cucharadas de Clorox. Pero su juego favorito era el del jabón de fregar platos. Apretando el bote, vertió directamente el líquido barato y rosa en mi garganta y me ordenó que me fuera al garaje. Se me secó tanto la boca que, sigilosamente, me dirigí al grifo del garaje y me llené el estómago de agua. Pronto me di cuenta de mi terrible error, y comenzó la diarrea. Llamé a mamá gritando para que me dejara usar el baño del piso superior, pero se negó. Me quedé abajo, con miedo a moverme, mientras trozos de materia acuosa me empapaban la ropa interior y, bajando por los pantalones, caían al suelo.

Me sentía tan degradado que lloré como un bebé. No sentía respeto alguno por mí mismo. Volvía a tener ganas de ir al servicio, pero estaba demasiado asustado para moverme. Al final, mientras las tripas se me revolvían y retorcían, reuní lo que me quedaba de dignidad. Fui andando como un pato al lavabo del garaje, cogí un cubo y me puse en cuclillas para aliviarme. Cerré los ojos y traté de pensar en la forma de lavarme y de limpiar la ropa, cuando, de repente, se abrió la puerta del garaje a mis espaldas. Volví la cabeza y vi a papá que me contemplaba desapasionadamente, mientras su hijo le enseñaba el trasero y el líquido marrón caía al cubo. Me sentí peor que si fuera un perro.

No siempre ganaba mamá. Una vez, una semana que no me dejó ir a la escuela, me echó el líquido de fregar en la boca y me dijo que limpiara la cocina. No se dio cuenta de que no me había tragado el detergente. A medida que transcurrían los minutos, la boca se me iba llenando de una mezcla de jabón y saliva. No me lo iba a tragar. Cuando acabé de la cocina, bajé corriendo las escaleras para vaciar el cubo de la basura. Al cerrar la puerta y escupir el líquido rosa, sonreí de oreja a oreja. Metí la mano en uno de los contenedores de basura que había al lado del garaje, extraje una servilleta de papel usada y me limpié la boca por dentro, asegurándome de eliminar hasta la última gota de jabón. Al terminar me sentí como si hubiera ganado un maratón olímpico. Estaba muy orgulloso de haber vencido a mamá en su propio terreno.

Aunque mamá descubría casi todos mis intentos de alimentarme, no podía cogerme *todas* las veces. Después de meses de estar confinado durante horas en el garaje, reuní el valor suficiente y robé pequeñas cantidades de comida del congelador del garaje. Era totalmente consciente de que, en cualquier momento, podía pagar por mi delito, por lo que comía cada bocado como si fuera el último.

En la oscuridad del garaje cerraba los ojos y soñaba que era un rey, ataviado con las mejores galas, que comía los mejores alimentos que podía ofrecer la humanidad. Al coger un trozo de tarta de calabaza o de taco congelado, *era* el rey y, como un rey en su trono, miraba la comida y sonreía.

5
EL ACCIDENTE

El verano de 1971 marcó la pauta del resto del tiempo que viví con mamá. Aún no había cumplido once años, pero, en general, sabía qué clase de castigos podía esperar. No cumplir los plazos que mamá me imponía en cualquiera de las múltiples tareas domésticas implicaba no comer. Si la miraba, a ella o a uno de sus hijos, sin su permiso, me daba una bofetada. Si me cogía robando comida, sabía que repetiría un castigo antiguo o concebiría uno nuevo y horrible. La mayoría de las veces, mamá sabía perfectamente lo que hacía y yo podía prever lo que haría después. Sin embargo, siempre me mantenía en guardia y tensaba todo el cuerpo si creía que se iba a cruzar en mi camino. Al acabar junio y comenzar julio, mi moral se debilitó. La comida apenas era algo más que una fantasía. Rara vez me daban siquiera las sobras del desayuno, por mucho que trabajara, y *nunca* almorzaba. En cuanto a la cena, el promedio era una cada tres días.

Llegó un día de julio que comenzó como cualquier otro día de mi vida de esclavitud. Llevaba tres días sin comer. Al no tener que ir a la escuela porque era verano, mis posibilidades de hallar comida habían desaparecido. Como siempre hacía durante la cena, me senté al final de las escaleras con el trasero sobre las manos para escuchar los ruidos que hacía "mi familia" mientras comía. Mamá me exigía ahora que me sentara sobre las manos, con la cabeza echada hacia atrás, en la postura de un "prisionero de guerra". Dejé caer la cabeza hacia adelante, medio soñando que era uno de ellos: un miembro de "la familia". Debí de quedarme dormido, porque me despertó bruscamente la voz gruñona de mamá:

—¡Sube! ¡Mueve el trasero! —gritó.

Al oír la primera sílaba de su orden, enderecé rápidamente la cabeza, me levanté y subí corriendo las escaleras. Rogué que esa noche me diera algo, lo que fuera, para calmar el hambre.

Había comenzado a retirar los platos de la mesa del comedor a un ritmo enfebrecido, cuando mamá me llamó para que fuera a la cocina. Agaché la cabeza mientras empezaba a parlotear sobre sus plazos.

—Tienes veinte minutos. Un minuto o un segundo más y volverás a pasar hambre. ¿Lo entiendes?

—Sí, señora.

—¡Mírame cuando te hablo! —dijo bruscamente.

Obedecí la orden y levanté la cabeza. Al hacerlo, vi a Russell columpiándose en la pierna izquierda de mamá. El tono duro de su voz no parecía molestarlo. Se limitaba a mirarme con ojos fríos. Aunque Russell sólo tendría cuatro o cinco años por entonces, se había convertido en el "pequeño nazi" de mamá, y vigilaba todos mis movimientos para estar seguro de que no robaba comida. A veces contaba a mamá cuentos sobre mí para ver cómo me castigaba. No era culpa suya. Sabía que mamá le había lavado el cerebro, pero yo había comenzado a tratarlo con frialdad y lo odiaba.

—¿Me oyes? —gritó mamá—. ¡Mírame cuando te hablo!

Cuando la miré, mamá cogió un cuchillo de trinchar del mostrador y gritó:

—¡Si no acabas a tiempo, te mato!

Sus palabras no me impresionaron. Llevaba casi una semana repitiéndolas una y otra vez. Ni siquiera Russell se inmutó ante la amenaza. Siguió balanceándose en su pierna como si montara un caballo de madera. Parecía que no estaba contenta con su táctica renovada, porque continuó insistiendo mientras pasaban los segundos en el reloj y se consumía el plazo que me había dado. ¡Ojalá se callara y me dejara trabajar! Estaba desesperado por cumplir el plazo. Deseaba comer con todas mis fuerzas. Temía quedarme otra noche sin comer.

Algo andaba mal. ¡Muy mal! Forcé la vista para enfocar a mamá. Había comenzado a blandir el cuchillo en la mano derecha. Tampoco me asusté demasiado. También lo había hecho antes. "Sus ojos —me dije—. Mírala a los ojos". Lo hice, y parecían normales en ella: medio vidriosos. Pero mi instinto me indicaba que algo no iba bien. No pensaba que me fuera a pegar, pero, de todos modos, el cuerpo se me empezó a tensar. A medida que me ponía más tenso, me di cuenta de lo que pasaba. En parte a causa del movimiento de balanceo de Russell y en parte debido al movimiento de su brazo y de su mano con el cuchillo, su cuerpo comenzó a tambalearse. Por un momento creí que iba a caerse.

Trató de recuperar el equilibrio diciendo a Russell que le soltara la pierna, mientras continuaba gritándome. Para entonces, la parte superior de su cuerpo parecía una mecedora fuera de control. Me olvidé de sus inútiles amenazas y creí que la vieja borracha iba a caerse de bruces. Concentré toda la atención en su cara. Por el rabillo del ojo vi un objeto borroso que salía disparado de su mano. Un dolor agudo estalló justo debajo de mi estómago. Traté de permanecer de pie, pero las piernas no me sostuvieron y todo se volvió negro.

Al recuperar la conciencia, sentí una sensación cálida que me surgía del pecho. Tardé unos instantes en darme cuenta de dónde estaba. Me hallaba sentado en la taza del retrete. Me volví hacia Russell, que empezó a cantar:

—David se va a morir. El Niño se va a morir.

Dirigí la vista a mi estómago. Mamá, de rodillas, me aplicaba con rapidez un pedazo grueso de gasa sobre la herida, de donde brotaba sangre de color rojo oscuro. Traté de decir algo. Sabía que había sido un accidente. Quería que mamá supiera que la perdonaba, pero me sentía demasiado débil para hablar. Aunque trataba de mantener la cabeza erguida, se me vencía una y otra vez. Perdí la noción del tiempo y volví a la oscuridad.

Cuando desperté, mamá seguía de rodillas y me envolvía la parte inferior del pecho con un paño. Sabía perfectamente lo que hacía. Muchas veces, cuando éramos más pequeños, nos había dicho, a Ron a Stan y a mí, que había estudiado para ser enfermera, hasta que conoció a papá. Cuando ocurría un accidente en casa, controlaba completamente la situación. No ponía en duda su habilidad como enfermera. Simplemente esperaba que me metiera en el carro y me llevara al hospital. Estaba seguro de que lo haría. Era cuestión de tiempo. Sentía una curiosa sensación de alivio. En mi fuero interno sabía que se había terminado. La farsa de vivir como un esclavo había llegado a su fin. Ni siquiera mamá podía mentir sobre lo que había pasado. Creí que el accidente me había liberado.

Mamá tardó casi media hora en curarme la herida. No había remordimiento en sus ojos. Creí que, como mínimo, trataría de consolarme con su voz tranquilizadora. Mirándome sin demostrar emoción alguna, se levantó, se lavó las manos y me dijo que tenía treinta minutos para acabar de fregar los platos. Moví la cabeza, tratando de comprender lo que había dicho. Al cabo de unos segundos capté su mensaje. No iba a reconocer lo que había pasado, como tampoco lo había hecho años atrás, cuando el incidente del brazo.

No tenía tiempo para la autocompasión. El reloj corría. Me puse de pie, me tambaleé unos segundos y me dirigí a la cocina. A cada paso, el dolor me atravesaba las costillas y la sangre rezumaba por mi camiseta hecha jirones. Cuando llegué al fregadero, me apoyé en él y jadeé como un perro.

Desde la cocina oí a papá, en el comedor, hojeando el periódico. Respiré profunda y dolorosamente, con la esperanza de poder enderezarme y de llegar hasta donde él estaba. Pero había respirado con demasiada fuerza y caí al suelo. Me di cuenta de que tenía que hacer inspiraciones cortas y repetidas. Llegué al comedor. Sentado en un extremo del sofá se encontraba mi héroe. Sabía que se ocuparía de mamá y que me llevaría al hospital. Me quedé parado ante él, esperando que pasara la página y me viera. Cuando lo hizo, dije tartamudeando:

—Papá . . . ma . . . ma . . . mamá me ha clavado un cuchillo.

Ni siquiera levantó una ceja.

—¿Por qué? —preguntó.

—Me dijo que si no lavaba los platos a tiempo, me . . . me mataría.

El tiempo se inmovilizó. Desde detrás del periódico me llegaba la respiración trabajosa de papá. Se aclaró la garganta antes de decirme:

—Bien . . . eh . . . será mejor que vuelvas a la cocina y friegues los platos.

Mi cabeza se inclinó como si intentara atrapar sus palabras. No podía creer lo que acababa de oír. Papá debió de darse cuenta de mi confusión, cuando vi que apartaba con fuerza el periódico y le oí levantar la voz, para decirme:

—¡Dios mío! ¿Sabe tu madre que estás aquí hablando conmigo? Más vale que vuelvas a la cocina y laves los platos. ¡Maldita sea! No debemos hacer nada que la trastorne más. No quiero tener que pasar por eso esta noche . . .—Se detuvo un instante, respiró profundamente, bajó la voz y me susurró—: Te diré lo que vamos a hacer: tú vuelves a la cocina y friegas los platos y yo nunca le diré que me lo has contado, ¿de acuerdo? Será *nuestro* secreto. Vuelve a la cocina y friega los platos. Venga, vete, antes de que nos pille. ¡Vete!

Me quedé frente a papá totalmente horrorizado. Ni siquiera me miró. Creí que si levantaba un extremo del periódico y buscaba mis ojos, lo sabría, sentiría mi dolor, lo desesperadamente que necesitaba su ayuda. Pero, como siempre, sabía que mamá lo controlaba como controlaba todo lo que sucedía en su casa. Creo que papá y yo conocíamos el código de "la familia": si no se reconoce un problema, sencillamente no existe. Mientras permanecía frente a papá sin saber qué hacer, miré hacia abajo y vi que unas gotitas de sangre manchaban la alfombra familiar. En mi fuero interno había creído que papá me tomaría en sus brazos y me llevaría lejos. Hasta llegué a imaginar que se rasgaría la camisa para exponer su verdadera identidad, antes de volar como Superman.

Me marché. Todo mi respeto hacia papá había desaparecido. El salvador que llevaba tanto tiempo imaginando era un farsante. Estaba más enfadado con él que con mamá. Deseaba poder escapar volando, pero el dolor punzante me devolvió a la realidad.

Fregué los platos lo más de prisa que me permitió mi cuerpo. Rápidamente me di cuenta de que mover el antebrazo me producía un dolor agudo encima del estómago. Si me desplazaba lateralmente del fregadero de enjabonar al de enjuagar, otro dolor recorría mi cuerpo. Sentía que las pocas fuerzas que tenía me abandonaban. A medida que finalizaba el plazo de mamá lo hacían mis posibilidades de comer.

Quería tumbarme y darme por vencido, pero la promesa que me había hecho años atrás me mantuvo en pie. Quería demostrar a la Arpía que sólo podría vencerme con la muerte, y estaba decidido a no rendirme, ni siquiera ante ésta. Mientras fregaba los platos, me di cuenta de que, si me ponía de puntillas e inclinaba la parte superior del cuerpo hacia el mostrador, disminuía la presión sobre la parte inferior del pecho. En vez de desplazarme lateralmente cada pocos segundos, lavaba varios platos cada vez y luego me desplazaba y los enjuagaba juntos. Después de secarlos, tener que guardarlos me aterrorizaba. Los armarios estaban sobre mi cabeza, y sabía que tratar de alcanzarlos me produciría un gran dolor. Sosteniendo un plato pequeño, estiré las piernas todo lo que pude e intenté levantar los brazos por encima de la cabeza para guardarlo. Casi lo conseguí, pero el dolor era demasiado intenso y caí al suelo.

Para entonces mi camisa estaba llena de sangre. Al tratar de ponerme de pie, sentí las manos fuertes de papá que me ayudaban. Lo aparté.

—Dame los platos —me dijo—. Yo los guardaré. Será mejor que bajes a cambiarte de camisa.

Me fui sin abrir la boca. Miré el reloj. Había tardado casi una hora y media en acabar la tarea. Agarré la barandilla fuertemente con la mano derecha para bajar despacio. Vi que, a cada paso que daba, la camisa se empapaba de sangre.

Mamá estaba al final de la escalera. Cuando rasgó la camisa para quitármela, vi que lo hacía con extremada suavidad, pero no me consoló de ningún otro modo. Me daba cuenta de que, para ella, sólo se trataba de una cuestión profesional. Otras veces la había visto tratar a los animales con más compasión que la que me demostraba.

Estaba tan débil que, sin querer, caí sobre ella cuando me estaba poniendo una vieja camiseta que me venía grande. Creía que me iba a pegar, pero permitió que me apoyara en ella unos segundos. Después me dejó en las escaleras y se fue. Minutos más tarde volvió con un vaso de agua. Me la bebí tan de prisa como pude. Al acabar, mamá me dijo que no podía comer todavía, que lo haría al cabo de unas horas, cuando me sintiera mejor. Su voz seguía siendo monótona, totalmente carente de emoción.

Eché una mirada de soslayo y vi que la oscuridad se adueñaba del crepúsculo de California. Mamá me dijo que podía salir a jugar con los niños en la entrada, frente al garaje. No pensaba con claridad. Tardé varios segundos en comprender lo que había dicho.

—Venga, David. Ve —insistió.

Con su ayuda, salí del garaje con dificultad. Mis hermanos me dirigieron una mirada despreocupada, porque les interesaba mucho más encender las bengalas del 4 de julio.

A medida que pasaban los minutos, mamá demostraba mayor compasión hacia mí. Me sostuvo por los hombros mientras veíamos a mis hermanos hacer ochos con las bengalas.

—¿Quieres una? —me preguntó.

Asentí. Me cogió de la mano al arrodillarse para encenderla. Por un momento imaginé el perfume que usaba años atrás. Pero llevaba mucho tiempo sin utilizarlo y sin maquillarse.

Mientras jugaba con mis hermanos, no podía dejar de pensar en mamá y en el cambio en su manera de tratarme. "¿Intenta hacer las paces? —me preguntaba—. ¿Han terminado, por fin, los días de vivir en el sótano? ¿He vuelto al seno familiar?" Durante unos minutos no me importó. Parecía que mis hermanos aceptaban mi presencia y experimenté un sentimiento de amistad y afecto hacia ellos que creía haber enterrado para siempre.

Mi bengala se apagó al cabo de unos segundos. Me volví hacia el sol, que iniciaba la retirada. Hacía siglos que no veía el crepúsculo. Cerré los ojos y traté de retener tanto calor como me fuera posible. Durante unos instantes desaparecieron el dolor, el hambre y mi desgraciada vida. Me sentía tan bien, con tanta vida . . . Abrí los ojos con la esperanza de atrapar ese momento para la eternidad.

Antes de acostarse, mamá me dio más agua y un poco de comida. Me sentía como un animal inválido al que cuidaban para que recobrara la salud, pero no me importaba.

Abajo, en el garaje, yacía en mi viejo catre del ejército. Trataba de no pensar en el dolor, pero era imposible no prestarle atención mientras se deslizaba por mi cuerpo. Al final pudo más el agotamiento y me quedé dormido. Durante la noche tuve varias pesadillas. Me asusté y me desperté empapado en sudor frío. Detrás de mí oí un ruido que me sobresaltó. Era mamá. Se inclinó y me puso un paño frío en la frente. Me dijo que había tenido fiebre durante la noche. Estaba demasiado cansado y débil para responder. El dolor era lo único en que podía pensar. Más tarde, mamá volvió al dormitorio de mis hermanos, en el piso de abajo, que estaba más próximo al garaje. Me sentí a salvo, al saber que se hallaba cerca para vigilarme.

Pronto volví a la oscuridad, y el sueño inquieto llegó acompañado de una horrible pesadilla en que aparecía una cortina de lluvia roja y caliente. En el sueño parecía que me empapaba. Intentaba quitarme la sangre del cuerpo, pero me volvía a cubrir rápidamente. Cuando me desperté a la mañana siguiente, me miré las manos, que estaban llenas de sangre seca. La camisa que me cubría el pecho estaba totalmente roja. Notaba la sangre seca en algunas zonas de la cara. Oí que la puerta del dormitorio se abría y me volví y vi a mamá que se aproximaba. Esperaba más compasión como la que me había demostrado la noche anterior, pero era una vana esperanza. No demostró emoción alguna. Me dijo, con voz fría, que me lavara y que comenzara mis tareas. Mientras oía cómo subía las escaleras, supe que nada había cambiado. Seguía siendo el bastardo de la familia.

Aproximadamente tres días después del "accidente" continuaba teniendo fiebre. No me atrevía a pedir a mamá ni una aspirina, sobre todo porque papá estaba fuera, trabajando. Sabía que había recuperado su forma de ser habitual. Creía que la fiebre se debía a la herida. El corte de mi estómago se había abierto más de una vez desde aquella noche. Silenciosamente, para que mamá no me oyera, me deslicé hasta el lavabo del garaje. Cogí el trapo más limpio que encontré en el montón. Abrí el grifo justo lo suficiente para que cayeran unas gotas de agua en el trapo. Me senté y enrollé mi camisa roja y empapada. Me toqué la herida y me estremecí de dolor. Respiré profundamente y, con la mayor suavidad posible, uní los bordes. El dolor era tan insoportable que me eché hacia atrás hasta golpear con la cabeza el frío suelo de cemento y casi perdí el conocimiento. Cuando volví a mirarme el estómago, vi que el corte, rojo e inflamado, comenzaba a rezumar una sustancia blancoamarillenta. No sabía mucho de estas cosas, pero sí que estaba infectado. Comencé a levantarme para subir y pedirle a mamá que me lo limpiara. Cuando aún no me había puesto de pie, me detuve. "¡No! —me dije—. No necesito la ayuda de esa arpía". Tenía los suficientes conocimientos básicos sobre primeros auxilios como para limpiar una herida, así que confiaba en poder hacerlo solo. Quería responsabilizarme de mí mismo. No quería depender de mamá ni otorgarle más poder sobre mí del que ya tenía.

Volví a mojar el trapo y lo aproximé a la herida. Dudé antes de tocarla. Me temblaban las manos de miedo y las lágrimas me corrían por las mejillas. Me sentía como un niño pequeño y lo detestaba. Al final me dije: "Si lloras, morirás. Venga, ocúpate de esa herida". Me percaté de que, probablemente, la herida no ponía en peligro mi vida. Traté con todas mis fuerzas de bloquear el dolor.

Actué con rapidez antes de perder la motivación. Cogí otro trapo, lo enrollé y me lo metí en la boca. Centré toda la atención en el pulgar y el índice de mi mano izquierda mientras apretaban la piel alrededor del corte. Con la otra mano limpié el pus. Repetí la operación hasta que brotó sangre, y sangre era lo único que limpiaba. Había desaparecido la sustancia blanca. El dolor que me produjo apretarme la herida y limpiarla era más fuerte de lo que podía soportar. Los dientes clavados en el trapo amortiguaron mis gritos. Me sentía como si estuviera colgando de un acantilado. Cuando terminé, un mar de lágrimas me mojaba el cuello de la camisa.

Temiendo que mamá descubriera que no estaba sentado al final de las escaleras, recogí lo que había usado y, medio andando, medio arrastrándome, llegué al lugar que tenía asignado al pie de la escalera. Antes de sentarme sobre las manos, me examiné la camisa; sólo salían de la herida gotitas de sangre, que manchaban el paño que hacía las veces de venda. Deseaba con todas mis fuerzas que la herida cicatrizara. No sé por qué, pero sabía que lo haría. Me sentía orgulloso. Me veía como el personaje de un libro de historietas que, tras superar grandes obstáculos, sobrevive. Al poco tiempo incliné la cabeza y me quedé dormido. En mi sueño volaba vestido con colores vivos. Llevaba una capa roja . . . Era Superman.

6
MIENTRAS PAPA ESTA FUERA

Después del incidente del cuchillo, papá cada vez pasaba menos tiempo en casa y más en el trabajo. Se justificaba ante la familia, pero yo no lo creía. Cuando me sentaba en el garaje, a menudo temblaba de miedo y esperaba que algo le impidiera marcharse. A pesar de todo lo que había pasado, seguía creyendo que papá era mi protector. Cuando estaba en casa, mamá sólo me hacía la mitad de las cosas que me hacía cuando no estaba.

En casa, papá tenía la costumbre de ayudarme a fregar los platos de la cena. Él los lavaba y yo los secaba. Mientras lo hacíamos, hablábamos muy bajo, para que ni mamá ni los niños nos oyeran. A veces nos pasábamos varios minutos sin hablar. Queríamos estar seguros de que no había moros en la costa.

Papá siempre rompía el hielo.

—¿Qué tal estás, Tigre? —preguntaba.

Oír el nombre antiguo que papá empleaba cuando yo era pequeño siempre me hacía sonreír.

—Bien —le contestaba.

—¿Has comido algo hoy? —solía preguntarme.

Normalmente hacía un gesto negativo con la cabeza.

—No te preocupes —me decía—. Algún día nos marcharemos de esta casa de locos.

Sabía que papá detestaba vivir en casa, y creía que era por mi culpa. Le dije que sería bueno y que no volvería a robar comida, y también que me esforzaría aún más al hacer las tareas domésticas. Cuando le decía estas cosas, siempre sonreía y me aseguraba que yo no tenía la culpa.

A veces, mientras secaba los platos, volvía a atisbar un rayo de esperanza. Sabía que papá probablemente no haría nada contra mamá, pero cuando estaba a su lado, me sentía a salvo.

Como a todas las cosas buenas que me habían pasado, mamá puso fin a que papá me ayudara. Insistió en que el Niño no necesitaba ayuda. Decía que papá estaba demasiado pendiente de mí y no lo suficiente de los demás miembros de la familia. Papá se rindió sin plantarle cara. A partir de aquel momento, mamá dominó por completo a todos los que vivían en casa.

Al cabo de un tiempo, papá ni siquiera se quedaba en casa en sus días libres. Venía sólo unos minutos.

Después de ver a mis hermanos, me buscaba dondequiera que estuviera haciendo mis tareas y me decía algunas frases; después se iba. Papá no tardaba más de diez minutos en entrar y salir de casa y en volver a su soledad, que normalmente encontraba en un bar. Cuando hablaba conmigo, me decía que tenía planes para que los dos nos marcháramos, lo que siempre me hacía sonreír, aunque en mi fuero interno sabía que se trataba de una fantasía.

Un día se puso de rodillas para decirme lo mucho que lo sentía. Lo miré a la cara. El cambio que había experimentado me asustó. Tenía círculos oscuros alrededor de los ojos, y la cara y el cuello, rojos como una remolacha. Sus hombros, en otro tiempo erguidos, se le habían hundido. Las canas comenzaban a predominar en el pelo de color azabache. Antes de que se marchara aquel día, me abracé a su cintura. No sabía cuándo lo volvería a ver.

Después de acabar las tareas domésticas, bajé corriendo las escaleras. Tenía que lavar mi ropa harapienta y otro montón de trapos malolientes. Pero ese día me había quedado tan triste después de marcharse papá que me escondí entre el montón de trapos y me eché a llorar. Lloré para que volviera y me llevara lejos de allí. Al cabo de unos minutos de autoconsolarme, me rehíce y comencé a frotar mis prendas, que parecían un queso de Gruyère. Froté hasta que me sangraron los nudillos. Ya no me importaba mi existencia. La casa de mamá se me había vuelto insoportable. ¡Ojalá pudiera escaparme del sitio que ahora denominaba "casa de locos"!

Durante un período de tiempo en que papá no estuvo en casa, mamá se pasó diez días seguidos sin darme de comer. Daba igual lo que me esforzara en cumplir sus plazos. No lo conseguía. Y la consecuencia era que me quedaba sin comer. Mamá se aseguraba concienzudamente de que no robara alimento alguno. Ella misma quitaba la mesa después de cenar y tiraba los restos al triturador de basura. Rebuscaba en el cubo de la basura todos los días, antes de que yo bajara a vaciarlo. Cerraba el congelador del garaje con llave y la guardaba. Estaba acostumbrado a resistir sin comer hasta tres días, pero todo aquel tiempo me resultó insoportable. El agua era mi único medio de supervivencia. Al llenar la hielera metálica del refrigerador, me llevaba una de las esquinas a la boca. Cuando estaba en el garaje, me deslizaba hasta el lavabo y abría el grifo. Rogando que la tubería no vibrara y alertara a mamá, chupaba con cuidado el frío metal hasta que me llenaba tanto el estómago que me parecía que iba a estallar.

El sexto día me encontraba tan débil cuando me desperté en el catre militar que apenas me podía levantar. Hice las tareas domésticas a paso de tortuga. Me sentía adormecido. Las respuestas que daba mi mente perdían claridad. Me parecía que tardaba minutos en comprender cada una de las frases que mamá me gritaba. Mientras levantaba con esfuerzo y lentamente la cabeza para mirarla, supe que para ella era un juego, un juego del que disfrutaba de lo lindo.

—¡Oh! ¡Mi pobre niñito! —me susurró con sarcasmo.

Me preguntó cómo estaba y se rió cuando le pedí comida. Al final del sexto día, y en los que siguieron, deseé con todas mis fuerzas que mamá me diera algo de comer, cualquier cosa. Había llegado a un punto que no me importaba lo que fuera.

Una noche, hacia el final del "juego", cuando hube acabado las tareas, mamá plantó un plato de comida frente a mí. Las sobras frías constituían un festín para mis ojos. Pero desconfiaba; me parecía demasiado bonito para ser verdad.

—¡Dos minutos! —me espetó—. Tienes dos minutos para comértelo. Nada más.

Cogí el tenedor como un rayo, pero un instante antes de que la comida me tocara la boca, mamá me quitó rápidamente el plato y lo vació en el cubo de la basura.

—Demasiado tarde —me dijo con sorna.

Me quedé estupefacto frente a ella. No sabía qué hacer ni qué decir. Lo único que pensé fue: "¿Por qué?" No entendía por qué me trataba así. Estaba tan cerca del cubo que me llegaba el olor de cada bocado.

Sabía que mamá quería que me derrumbara, pero me mantuve firme y me tragué las lágrimas.

Solo en el garaje, creí que estaba perdiendo el control de todo. Ansiaba comer. Quería estar con mi padre. Pero por encima de todo, quería una pizca de respeto, un poquito de dignidad. Sentado sobre las manos, oí a mis hermanos abrir la nevera para coger el postre y los odié. Me miré. La piel tenía un tono amarillento y los músculos eran delgados y nervudos. Cada vez que oía a uno de mis hermanos reírse con un programa de televisión, lo maldecía. "¡Qué suerte tienen los desgraciados! ¿Por qué no va por turnos y les pega a ellos para variar?", gritaba para mis adentros mientras daba rienda suelta a mis sentimientos de odio.

Llevaba casi diez días sin comer. Acababa de terminar de fregar los platos de la cena cuando mamá repitió el juego de "tienes dos minutos para comer". Sólo quedaban unos trozitos de comida en el plato. Creí que me lo volvería a quitar, así que me puse en marcha con un propósito. No di a mamá la oportunidad de que me quitara el plato como lo había hecho las tres noches anteriores. Lo cogí y me tragué la comida de prisa, sin masticarla. En cuestión de segundos acabé con lo que había en el plato y lo lamí hasta dejarlo limpio.

—Comes como los cerdos —se burló mamá.

Bajé la cabeza en señal de asentimiento. Pero por

dentro me reía de ella y me decía: "¡Jódete! ¡Di lo que quieras! ¡Me lo he comido!"

Mamá tenía otro juego preferido cuando papá no estaba en casa. Me mandaba a limpiar el baño con sus plazos habituales. Pero estas veces ponía un cubo lleno de una mezcla de amoníaco y Clorox y cerraba la puerta, dejándome dentro. La primera vez que lo hizo me dijo que lo había leído en el periódico y que quería probarlo. Aunque fingí estar asustado, en realidad no era así. No sabía lo que iba a suceder. Sólo comencé a preocuparme cuando cerró la puerta y me ordenó que no la abriera. En la habitación totalmente cerrada, el aire pronto comenzó a cambiar. Me puse en cuatro patas en un rincón y observé el cubo. Un vapor gris subía en remolinos hacia el techo. Al respirarlo, me desplomé y comencé a escupir. Me ardía la garganta. Al cabo de unos minutos se me puso en carne viva. El gas producido por la reacción del amoníaco y el Clorox me hacía llorar. Estaba desesperado por poder cumplir el plazo impuesto por mamá para limpiar el baño.

Al cabo de unos cuantos minutos más, creía que se me saldrían las entrañas de tanto toser. Sabía que mamá no iba a darse por vencida y a abrir la puerta. Para sobrevivir a su nuevo juego, tenía que usar la cabeza. Tumbado en el suelo, estiré el cuerpo y, con el pie, empujé el cubo hacia la puerta. Lo hice por dos razones: quería que el cubo estuviera cuanto más lejos mejor y, si mamá abría la puerta, pagarle con la misma moneda. Me hice un ovillo en el extremo opuesto del cuarto de baño, con el paño de limpiar sobre la boca, los ojos y la nariz. Antes de cubrirme la cara, lo había mojado en el retrete. No me atrevía a abrir el grifo del lavabo por miedo a que mamá me oyera. Respirando a través del trapo, vi cómo los vapores descendían lentamente y se hallaban cada vez más cerca del suelo. Me sentía como si estuviera encerrado en la cámara de gas. Después pensé en el pequeño conducto de ventilación de la calefacción que había en el suelo, al lado de mis pies. Sabía que se encendía y se apagaba cada pocos minutos. Acerqué la cara al conducto e inhalé todo el aire que podían contener mis pulmones. Aproximadamente media hora después, mamá abrió la puerta y me dijo que vaciara el cubo en el desagüe del garaje, antes de poder respirar el aire de *su* casa. En el garaje estuve tosiendo y expulsando sangre durante más de una hora. De todos los castigos de mamá, el que más detestaba era el de la cámara de gas.

Hacia el final del verano, mamá debía de estar aburrida de buscar formas de torturarme en casa. Un día, después de terminar las tareas domésticas matutinas, me mandó a cortar el césped de otras casas. No se trataba de una actividad totalmente nueva. Ya lo había hecho la primavera anterior, durante las vacaciones de Semana Santa. Me ordenó que le entregase, de mis ganancias, una determinada suma.

Me resultaba imposible conseguir el dinero que me pedía, así que, una vez, guiado por la desesperación, robé nueve dólares de la alcancía de una niña que vivía en el barrio. Al cabo de unas horas, el padre llamaba a la puerta principal de nuestra casa. Como es natural, mamá le devolvió el dinero y me echó la culpa. Cuando el hombre se marchó, me dio una paliza tremenda. Había robado el dinero sólo para tratar de darle lo que me había exigido.

El plan veraniego de cortar el césped no resultó mejor que el de las vacaciones de Pascua. Iba preguntando, de puerta en puerta, si querían que les cortara el césped. Nadie lo deseaba. Mi ropa andrajosa y mis delgados brazos debían de conferirme un aspecto patético. Una señora me dio, por compasión, una bolsa marrón con comida y me despidió. Media manzana más abajo, una pareja accedió a que les cortara el césped. Al terminar, corrí a casa de mamá con la bolsa marrón. Mi intención era esconderla antes de llegar a nuestra manzana. No lo conseguí. Mamá había salido a recorrer el vecindario en la ranchera, se acercó a la acera y me pilló con la bolsa. Antes de que frenara haciendo rechinar las ruedas, levanté las manos como si fuera un criminal. Recuerdo que deseé que la suerte me acompañara por una vez en la vida.

Mamá salió del auto de un salto, me arrebató la bolsa con una mano y con la otra me dio un puñetazo.

Después me metió a empujones en el vehículo y me llevó a casa de la señora que me había preparado la comida. No encontramos a la mujer. Mamá estaba convencida de que había entrado a hurtadillas y me había preparado la comida yo mismo. Sabía que estar en posesión de comida era el delito máximo. Me grité para mis adentros por no haberme deshecho antes de ella.

Una vez en casa, el "combate a diez asaltos" habitual me dejó tumbado en el suelo. Mamá me dijo que me sentara fuera, en el patio trasero, mientras llevaba a "sus hijos" al zoológico. La zona en que me mandó sentarme estaba llena de piedras de unos tres centímetros de diámetro. Sentado sobre las manos, en la postura del "prisionero de guerra", se me quedó dormida buena parte del cuerpo. Empecé a perder la fe en Dios. Creía que debía de odiarme. *¿Qué otra razón podía haber para una vida como la mía?* Todos mis esfuerzos por sobrevivir parecían inútiles. Mis intentos de adelantarme a mamá eran vanos. Una sombra negra se cernía siempre sobre mí.

Hasta el sol parecía evitarme, pues se escondía tras una espesa nube que vagaba por el cielo. Hundí los hombros y me retiré a la soledad de mis sueños. No sé cuánto tiempo habría pasado, pero más tarde oí la ranchera de mamá volver al garaje. Se había acabado el tiempo de estar sentado en las piedras. Me pregunté cuál sería el siguiente plan de mamá. Rogué que no fuera otra sesión en la cámara de gas. Me chilló desde el garaje para que la siguiera al piso de arriba. Me llevó al baño. Se me cayó el alma a los pies. Me sentía condenado. Comencé a hacer inhalaciones profundas de aire fresco, ya que sabía que pronto lo necesitaría.

Cuál no sería mi sorpresa cuando vi que no había cubos ni botellas en el baño. "¿Voy a librarme del castigo?", me pregunté. Parecía demasiado fácil. Miré tímidamente a mamá, que abría al máximo el grifo del agua fría de la bañera. Pensé que era extraño que se hubiera olvidado de abrir también el del agua caliente. Mientras se llenaba la bañera, mamá me quitó la ropa a tirones y me dijo que me metiera en ella. Entré y me tumbé. Un miedo frío me recorrió el cuerpo.

—¡Más abajo! —gritó—. Mete la cabeza en el agua, así.

Se inclinó, me cogió el cuello con las dos manos y me sumergió la cabeza en el agua. Instintivamente me revolví y pateé, en un intento desesperado por sacarla y respirar. Pero me tenía asido con demasiada fuerza. Abrí los ojos bajo el agua. Mientras intentaba gritar, vi burbujas que me salían de la boca y flotaban hasta la superficie. Traté de mover con fuerza la cabeza a un lado y a otro y vi cómo las burbujas se iban haciendo cada vez más pequeñas. Comencé a sentirme débil. En un esfuerzo desesperado saqué la cabeza y agarré a mamá por los hombros. Debí de clavarle las uñas, porque me soltó. Me miró mientras trataba de recuperar el aliento.

—¡Ahora mantén la cabeza debajo del agua o la próxima vez será más larga!

Sumergí la cabeza de modo que apenas sobresalieran del agua los orificios de mi nariz. Me sentía como un caimán en una ciénaga. Cuando mamá salió del baño, vi su plan con mayor claridad. Tumbado en la bañera, comenzó a resultarme insoportable la frialdad del agua. Era como si estuviera en una nevera. El miedo que me inspiraba mamá no me permitía moverme, así que mantuve la cabeza sumergida como me había ordenado.

Pasaron horas y la piel comenzó a arrugárseme. No me atrevía a tocar parte alguna de mi cuerpo para intentar calentarla. Pero sí que saqué la cabeza del agua lo bastante como para oír mejor. Cuando me daba cuenta de que alguien pasaba cerca del baño, volvía a introducirla suavemente en la frialdad.

En general, los pasos que oía eran de uno de mis hermanos que iba a su dormitorio. A veces, uno de ellos entraba en el baño para usar el retrete. Se limitaba a mirarme, a mover la cabeza con gesto de desaprobación y a marcharse. Trataba de imaginar que estaba en otra parte, pero no podía relajarme lo suficiente como para soñar despierto.

Antes de que la familia se sentara a cenar, mamá entró en el baño y me gritó que saliera de la bañera y me vistiera. Respondí inmediatamente cogiendo una toalla para secarme.

—¡Ah, no! —me gritó—. ¡Ponte la ropa como estás!

Obedecí la orden sin vacilar. Mientras bajaba corriendo las escaleras para sentarme en el patio trasero como me había ordenado, la ropa ya estaba empapada. Comenzaba el crepúsculo, pero la mitad del patio recibía todavía la luz directa del sol. Traté de sentarme en una zona soleada, pero mamá me ordenó que lo hiciera a la sombra. Tiritaba en un rincón del patio, sentado en la postura del prisionero de guerra. Sólo deseaba unos instantes de calor, pero, a cada minuto que pasaba, disminuían las posibilidades de secarme. A través de la ventana del primer piso oía los ruidos que hacía "la familia" al pasarse los platos repletos de comida. De vez en cuando, un estallido de risas salía por la ventana. Puesto que papá estaba en casa, sabía que lo que mamá hubiera preparado estaría bueno. Quería volverme y mirar hacia arriba para verlos comer, pero no me atrevía. Vivía en otro mundo. Ni siquiera me merecía espiar la buena vida.

El tratamiento de la bañera y el del patio trasero pronto se convirtieron en una rutina. A veces, cuando estaba en la bañera, mis hermanos traían a sus amigos al baño para que vieran a su hermano desnudo. Sus amigos solían burlarse de mí.

—¿Qué ha hecho *esta* vez? —preguntaban.

Casi siempre, mis hermanos se limitaban a negar con la cabeza, diciendo:

—No lo sé.

Con el comienzo de la escuela en otoño llegó la esperanza de una huida temporal de mi sombría vida. En el aula de la reunión matinal de cuarto grado tuvimos una profesora sustituta las dos primeras semanas. Nos dijeron que nuestra profesora habitual estaba enferma. La sustituta era más joven que la mayoría de los profesores y parecía menos severa. Al final de la primera semana repartió helados entre los alumnos que se habían portado bien. No conseguí ninguno la primera semana, pero me esforcé más y recibí mi recompensa al final de la segunda. La nueva profesora ponía discos de 45 r.p.m. de grandes éxitos del pop y cantaba. La verdad es que nos gustaba. Cuando llegó el viernes por la tarde, no quería marcharme. Después de que los demás alumnos hubieran salido, la profesora se inclinó hacia mí y me dijo que tenía que irme a casa. Sabía que era un niño problemático. Le dije que quería quedarme con ella. Me abrazó, se levantó y me puso la canción que más me gustaba. Después me marché. Como llegaba tarde, corrí a casa lo más de prisa que pude e hice rápidamente mis tareas. Al acabar, mamá me envió al patio trasero, a sentarme en el frío suelo de cemento.

Ese viernes elevé la vista hacia la espesa capa de niebla que tapaba el sol y lloré para mis adentros. La profesora sustituta se había portado tan bien conmigo . . . Me trataba como a una persona, no como a una inmundicia de alcantarilla. Allí sentado, sintiendo compasión de mí mismo, me preguntaba dónde estaría y qué haría. Entonces no lo comprendí, pero me había enamorado de ella.

Sabía que aquella noche no iba a cenar, ni tampoco la siguiente. Como papá no estaba en casa, no tendría un buen fin de semana. Sentado en la frialdad del patio trasero, en los escalones, oía a mamá dando de cenar a mis hermanos. No me importaba. Si cerraba los ojos, veía la cara sonriente de mi nueva profesora. Esa noche, mientras tiritaba sentado allá afuera, su belleza y su amabilidad me reconfortaron.

En octubre, mi malsana vida estaba en pleno auge. En la escuela, la comida no abundaba. Era presa fácil de los matones, que me pegaban cuando querían. Después de las clases tenía que ir corriendo a casa y vomitar el contenido de mi estómago para que mamá lo inspeccionara. A veces me mandaba a hacer las tareas domésticas inmediatamente; otras, llenaba la bañera de agua. Si estaba *realmente* de buen humor, preparaba la mezcla de gases para ponerla en el baño. Si se cansaba de verme por la casa, me mandaba a cortar el césped ajeno, pero no sin antes pegarme. Algunas veces usaba la cadena del perro. Me hacía mucho daño, pero apretaba los dientes y aguantaba. Lo más doloroso era cuando me golpeaba en las pantorrillas con el palo de la escoba. A veces, estos golpes me dejaban tirado en el suelo, incapaz de moverme. Más de una vez bajé la calle renqueando, mientras empujaba la vieja cortadora de césped de madera, para tratar de ganar algo de dinero *para ella*.

Al final ya no me servía de nada que papá estuviera en casa, porque mamá le había prohibido verme. Casi había perdido la esperanza y comencé a creer que mi vida nunca cambiaría. Pensaba que, mientras viviera, sería el esclavo de mamá. Mi fuerza de voluntad disminuía cada día que pasaba. Ya no soñaba con Superman ni con otro héroe imaginario que viniera a rescatarme. Sabía que la promesa de papá de sacarme de allí era mentira. Dejé de rezar y sólo pensaba en vivir día a día.

Una mañana, en la escuela, me dijeron que fuera a ver a la enfermera. Me interrogó sobre mi ropa y sobre los diversos moretones que se extendían a lo largo de mis brazos. Al principio le conté lo que mamá me había ordenado que dijera. Pero a medida que aumentó mi confianza en ella, le conté más y más cosas sobre mamá. Tomó notas y me dijo que debía ir a verla siempre que necesitara hablar con alguien. Más tarde supe que la enfermera se había interesado por mí por unos informes que, al principio del curso escolar, había recibido de la profesora sustituta.

En la última semana de octubre, en casa de mamá era tradicional que los niños esculpieran figuras en una calabaza. Se me había negado dicho privilegio desde los siete u ocho años. Cuando llegó la noche de esculpir las calabazas, mamá llenó la bañera en cuanto acabé las tareas domésticas. Me volvió a repetir que mantuviera la cabeza debajo del agua. Para recordármelo, me agarró del cuello y me la sumergió. Después salió como un vendaval, apagando la luz. Miré a mi izquierda y vi, por la pequeña ventana del baño, que comenzaba a hacerse de noche. Pasaba el tiempo contando en voz baja. Empezaba por el uno y terminaba al llegar a mil. Luego volvía a empezar. Con el paso de las horas, sentía cómo se iba vaciando lentamente la bañera. A medida que el nivel del agua disminuía, el cuerpo se me quedaba cada vez más frío. Puse las manos entre las piernas y me tumbé en el lado derecho de la bañera. Oía el disco que, hacía años, mamá había comprado a Stan por Todos los Santos. Los fantasmas y los demonios aullaban y las puertas se abrían con un crujido. Después de que mis hermanos hubieran esculpido las calabazas, oí la voz tranquilizadora de mamá contándoles un cuento de terror. Cuanto más escuchaba, más los odiaba a todos y cada uno de ellos. Ya era bastante terrible tener que esperar en el patio, sobre las piedras, como un perro, mientras disfrutaban de la cena, pero tener que estar tumbado en una bañera llena de agua fría, tiritando para tratar de mantener el calor, mientras comían palomitas y escuchaban los cuentos de mamá, me producía unas enormes ganas de gritar.

Esa noche, el tono de voz de mamá me recordó a la mamá que había querido hacía ya tantos años.

Ahora ni siquiera los niños reconocían mi presencia en la casa. Para ellos tenía menos importancia que los espíritus que aullaban en el disco de Stan. Después de que los niños se fueran a la cama, mamá volvió al baño. Pareció sorprendida de verme aún tendido en la bañera.

—¿Tienes frío? —me preguntó con sorna.

Me estremecí y moví la cabeza para indicar que tenía mucho frío.

—¿Por qué mi niño bonito no saca el culo de la bañera y va a calentarse el pellejo a la cama de su padre?

Salí dando traspiés de la bañera, me puse la ropa interior y me deslicé dentro de la cama de papá, empapando las sábanas con mi cuerpo mojado. Por razones que no entendía, mamá había decidido que durmiera en la habitación principal, tanto si papá estaba en ella como si no. Ella dormía en la habitación del piso superior con mis hermanos. Me daba igual, con tal de no tener que dormir en el catre del frío garaje. Esa noche, papá vino a casa, pero antes de que pudiera hablar con él, me quedé dormido.

Cuando llegó la Navidad, me encontraba totalmente desanimado. Detestaba tener que estar en casa durante las dos semanas de vacaciones y esperaba impaciente la vuelta a la escuela. El día de Navidad me regalaron unos patines. Me sorprendió que me hicieran regalo alguno, pero resultó que los patines no eran un regalo navideño, sino otro instrumento de mamá para sacarme de casa y hacerme sufrir. Los fines de semana, mamá me obligaba a patinar en la calle, mientras los demás niños estaban dentro de sus casas a causa del frío. Patinaba manzana arriba y abajo, sin ni siquiera una chaqueta que me protegiera del frío. Era el único niño del vecindario que estaba en la calle. A veces, Tony, uno de nuestros vecinos, salía a coger el periódico de la tarde y me veía patinando. Me sonreía alegremente antes de meterse en la casa corriendo para huir del frío. Para intentar mantenerme caliente, patinaba lo más de prisa posible. Veía el humo que salía de las chimeneas de las casas. ¡Ojalá estuviera en una de ellas, sentado al lado del fuego! Mamá me obligaba a patinar durante horas. Me llamaba para que entrara sólo cuando tenía que hacer alguna tarea doméstica.

Al final de marzo de aquel año, mamá se puso de parto cuando estábamos en casa por las vacaciones de Pascua. Mientras papá la llevaba en la ranchera a un hospital de San Francisco, rogué que fuera realmente el parto, no una falsa alarma. Deseaba tanto que mamá no estuviera en casa . . . Sabía que si estaba fuera, papá me daría de comer. También estaba contento por verme libre de las palizas.

Mientras mamá estuvo en el hospital, papá me dejó jugar con mis hermanos. Me aceptaron inmediatamente. Jugamos a *Star Trek* y Ron me hizo el honor de dejarme hacer de capitán Kirk. El primer día papá nos dio emparedados para comer y me dejó repetir. Cuando papá iba al hospital a ver a mamá, nosotros cuatro jugábamos al otro lado de la calle, en casa de una vecina que se llamaba Shirley. Ésta era amable con nosotros y nos trataba como si fuéramos sus hijos. Nos entretenía con juegos como el ping-pong o nos dejaba correr a nuestro aire en la calle. En algunas cosas, Shirley me recordaba a mamá en los días previos a que comenzara a pegarme.

Al cabo de unos días, mamá volvió a casa. Presentó a la familia a un nuevo hermanito llamado Kevin. En pocas semanas, las cosas volvieron a la normalidad. Papá estaba fuera la mayor parte del tiempo y yo continué siendo el chivo expiatorio en el que mamá descargaba su frustración.

Mamá pasaba muy poco tiempo con los vecinos, por lo que resultó extraño que ella y Shirley se hicieran amigas íntimas. Se visitaban diariamente. En presencia de Shirley, mamá hacía el papel de madre cariñosa y preocupada, como lo había hecho cuando ayudó a los *scouts*. Al cabo de unos meses, Shirley preguntó a mamá por qué no permitía que David jugara con los demás niños. También sentía curiosidad por saber por qué castigaba a David tan a menudo. Mamá disponía de toda una serie de excusas. David estaba resfriado o tenía que hacer un trabajo para la escuela. Al final le dijo que David era un niño malo y que merecía estar castigado durante mucho, mucho tiempo.

Con el paso de los días, las relaciones entre mamá y Shirley se volvieron tensas. Un día, sin motivo aparente, mamá rompió la amistad con ella. El hijo de Shirley no podía jugar con sus hijos y mamá corría por la casa insultándola. Aunque no se me permitía jugar con los demás, me sentía un poco más seguro cuando Shirley y mamá eran amigas.

Un domingo del último mes del verano, mamá entró en la habitación principal, donde me había ordenado que me sentara sobre las manos, en la postura del prisionero de guerra. Me dijo que me levantara y que me sentara en una esquina de la cama. Me contó que estaba cansada de la vida que llevábamos. Me dijo que lo sentía y que quería recuperar el tiempo perdido. Sonreí de oreja a oreja, me eché en sus brazos y la abracé con fuerza. Mientras me acariciaba el pelo, rompí a llorar. Mamá también lloraba y creí que los malos tiempos habían terminado para mí. Nos soltamos y la miré a los ojos. Tenía que estar seguro. Tenía que oírselo decir de nuevo.

—¿De verdad que se ha acabado? —pregunté con timidez.

—Se ha acabado, cariño. A partir de este momento quiero que olvides todo lo que ha pasado. Tratarás de ser un niño bueno, ¿verdad?

Asentí.

—Entonces yo intentaré ser una buena madre.

Después de hacer las paces, mamá me dejó que me diera un baño caliente y me puso la ropa nueva que me habían regalado en Navidad. No me había permitido ponérmela antes. Después nos llevó, a mis hermanos y a mí, a jugar a los bolos, mientras papá se quedaba en casa con Kevin. Cuando volvíamos de la bolera, mamá paró en una tienda y nos compró un trompo a cada uno. Al llegar a casa, me dijo que podía jugar con los demás, pero me llevé el trompo a un rincón de la habitación de papá y jugué yo solo. Por primera vez en muchos años, salvo en vacaciones, cuando teníamos invitados en casa, comí en la mesa con mi familia. Las cosas sucedían muy de prisa y me parecía que era demasiado bonito para ser verdad. Aunque era feliz, me parecía que caminaba sobre el filo de una navaja. Estaba seguro de que mamá despertaría y volvería a ser como antes. Pero no lo hizo. Cené todo lo que quise y me dejó ver la televisión con mis hermanos antes de acostarnos. Me pareció que era extraño que quisiera que yo continuara durmiendo con papá, pero dijo que quería estar cerca del bebé.

Al día siguiente por la tarde, mientras papá estaba trabajando, vino una asistenta social a casa. Mientras hablaba con ella, mamá me hizo salir a jugar con mis hermanos. Hablaron más de una hora. Antes de que la señora se marchara, mamá me llamó para que entrara. La señora quería hablar conmigo unos minutos.

Quería saber si era feliz. Le dije que sí. Quería saber si me llevaba bien con mamá. Le dije que sí. Por último me preguntó que si mamá me pegaba. Antes de responder, miré a mamá, que sonrió cortésmente. Me sentí como si una bomba me acabara de estallar en la boca del estómago. Creí que iba a vomitar. De repente comprendí por qué mamá había cambiado el día anterior, por qué había sido tan buena conmigo. Tenía la sensación de ser un idiota por haber caído en la trampa. Estaba tan hambriento de amor que me había tragado toda la farsa.

La mano de mamá en mi hombro me devolvió a la realidad.

—Díselo, cariño —dijo mamá volviendo a sonreír—. Dile que te mato de hambre y que te pego como a un perro —añadió mamá riéndose y tratando de que la asistenta también lo hiciera.

Miré a la señora. Me sonrojé y sentí que se formaban gotas de sudor en mi frente. No tuve agallas para decirle la verdad.

—No, en absoluto —contesté—. Mamá me trata muy bien.

—¿Y no te pega nunca? —preguntó la señora.

—No . . . esto . . . es decir, sólo cuando me castiga . . . cuando me porto mal —dije tratando de encubrir la verdad.

Supe por la mirada que me echó mamá que había dicho lo que no debía. Llevaba años instruyéndome y lo había dicho mal. También me di cuenta de que la señora se había percatado de la comunicación que se había producido entre mamá y yo.

—Muy bien —dijo la señora—. Sólo quería hacerles una visita y saludarlos.

Después de despedirse, mamá la acompañó a la puerta.

Cuando estuvo segura de que se había marchado, mamá cerró la puerta hecha una furia.

—¡Imbécil de mierda! —chilló.

Instintivamente me cubrí la cara, mientras ella comenzaba a darme puñetazos. Me golpeó varias veces y luego me desterró al garaje. Después de dar de cenar a los niños, me llamó para que subiera a hacer las tareas nocturnas. Mientras fregaba los platos, no me sentía muy mal. En mi fuero interno sabía que mamá se había portado bien conmigo, no por cariño hacia mí, sino por otras razones. Tenía que haberme dado cuenta de que era mentira, porque se comportaba del mismo modo cuando alguien como la abuela venía a visitarnos en vacaciones. Al menos había pasado dos días buenos. Hacía mucho tiempo que no tenía dos días buenos, así que, en cierto modo, había merecido la pena. Me volví a acostumbrar a mi rutina y confié en mi soledad para salir adelante. Al menos ya no tenía que andar sobre el filo de la navaja, preguntándome cuándo se desplomaría el techo sobre mí. Las cosas habían vuelto a la normalidad y de nuevo era el criado de la familia.

Aunque había comenzado a aceptar mi suerte, nunca me sentía tan solo como las mañanas en que papá se iba a trabajar. Los días laborables se levantaba aproximadamente a las cinco de la mañana. Él no lo sabía, pero yo siempre estaba despierto. Lo oía afeitarse en el baño y dirigirse a la cocina para comer algo. Sabía que, cuando se ponía los zapatos, estaba a punto de salir de casa. A veces me daba la vuelta justo a tiempo de verlo coger su bolsa azul oscuro de la Pan Am. Me besaba en la frente y me decía:

—Trata de tenerla contenta y apártate de su camino.

Hacía esfuerzos para no llorar, pero nunca lo conseguía. No quería que se fuera. Nunca se lo dije, pero estoy seguro de que lo sabía. Cuando cerraba la puerta principal, contaba los pasos que tardaba en llegar a la entrada. Lo oía caminar por el sendero que salía de la casa. En mi mente lo veía girar a la izquierda, al final de la manzana, para coger el autobús para San Francisco. A veces, cuando me sentía valiente, saltaba de la cama y corría a la ventana para vislumbrarlo en la lejanía. Normalmente me quedaba en la cama y me daba la vuelta hacia el lado, aún caliente, donde había dormido. Imaginaba que lo seguía oyendo mucho después de haberse marchado. Y cuando aceptaba el hecho de que se había ido de verdad, experimentaba un sentimiento de frío y de vacío en el fondo de mi alma. Quería mucho a papá. Quería quedarme con él para siempre y lloraba para mis adentros porque nunca sabía cuándo lo volvería a ver.

7
El Padrenuestro

Aproximadamente un mes antes de comenzar el quinto grado me convencí de que Dios no existía.

Mientras estaba sentado solo en el garaje o leía en la casi oscuridad del dormitorio de mis padres, me di cuenta de que viviría así el resto de mi vida. Un Dios *justo* no me dejaría así. Creía que estaba solo en mi lucha y que mi batalla era la de sobrevivir.

En la época en que decidí que Dios no existía me había desconectado por completo de todo dolor físico. Cuando mamá me pegaba era como si agrediera a un muñeco de trapo. En mi interior, mis emociones oscilaban entre el miedo y una intensa rabia. Pero externamente era un robot, y rara vez manifestaba mis emociones, sólo cuando creía que le agradaría a la Arpía y que podía beneficiarme. Me tragaba las lágrimas y me negaba a llorar, porque no quería darle la satisfacción de verme derrotado.

Por la noche ya no soñaba ni dejaba que mi imaginación trabajara durante el día. Las fugas exuberantes de verme volar entre las nubes vestido de color azul oscuro eran cosa del pasado. Cuando me dormía, mi alma era consumida por un vacío negro. Ya no me despertaba fresco por la mañana; estaba cansado y me decía que me quedaba un día menos de vivir en este mundo. Hacía las tareas domésticas cansona y lentamente, y temía cada momento de cada día. Desprovisto de sueños, descubrí que palabras como *esperanza* y *fe* sólo eran letras unidas al azar que no significaban nada, palabras de cuentos de hadas.

Cuando se me permitía el lujo de comer, lo hacía como un perro vagabundo, gruñendo como un animal a las órdenes de mamá. Ya no me importaba que se burlara de mí mientras me apresuraba a devorar hasta el último bocado. Ya nada me parecía indigno. Un sábado, mientras fregaba los platos del desayuno, mamá quitó unos panqueques a medio comer de un plato y los echó en el de los perros. Los animales, bien alimentados, los mordisquearon hasta hartarse y se marcharon a buscar un lugar para dormir. Más tarde, mientras guardaba unas cacerolas y sartenes en un armario inferior, gateé hasta el plato de los perros y me comí las sobras de los panqueques. Mientras lo hacía, sentía el olor de los animales, pero me las comí de todas maneras. Apenas me molestaba. Era plenamente consciente de que, si la Arpía me pillaba comiendo lo que por derecho pertenecía a los perros, lo pagaría muy caro; pero conseguir comida de la manera que fuera era mi único medio de subsistencia.

En mi interior, mi alma se había vuelto tan fría que odiaba todo. Incluso despreciaba el sol, porque sabía que nunca podría jugar en su cálida presencia. Sentía un odio profundo cuando oía a otros niños reírse mientras jugaban en la calle. Se me contraía el estómago cuando olía la comida que estaban a punto de servir a otra persona, porque sabía que no era para mí. Deseaba con todas mis fuerzas golpear algo cada vez que me llamaban al piso de arriba para desempeñar el papel de esclavo de la familia y recoger lo que habían dejado esos cerdos.

Odiaba sobre todo a mamá y deseaba su muerte. Pero antes de que muriera, quería que supiera la magnitud de mi dolor y de mi soledad en todos esos años. Durante ellos, Dios sólo había respondido una vez a mis plegarias. Un día, cuando tenía cinco o seis años, mamá me había pegado persiguiéndome por toda la casa. Esa noche, antes de acostarme, me puse de rodillas y recé. Pedí a Dios que mamá enfermara para que no pudiera seguir pegándome. Recé mucho y con fervor, concentrándome tanto que me fui a la cama con dolor de cabeza. A la mañana siguiente, con gran sorpresa por mi parte, mamá estaba enferma. Estuvo tumbada en el sofá todo el día sin apenas moverse.

Como papá estaba trabajando, mis hermanos y yo la cuidamos como si fuera nuestra paciente.

Según pasaban los años y se intensificaban las palizas, pensaba en la edad de mamá y trataba de calcular cuándo moriría. Deseaba que llegara el día en que se llevaran *su* alma a las profundidades del infierno; sólo entonces me libraría de ella.

También odiaba a papá. Era plenamente consciente del infierno en que vivía, pero no tenía el valor de rescatarme, como me había prometido tantas veces en el pasado. Pero cuando examinaba mi relación con papá, me daba cuenta de que me consideraba parte del problema. Creía que me veía como un traidor. Muchas veces, cuando la Arpía y papá discutían acaloradamente, mamá me hacía intervenir. Me sacaba a empujones de donde estuviera y me exigía que repitiera cada uno de los insultos que papá había empleado en discusiones anteriores. Me daba cuenta perfectamente de cuál era su juego, pero elegir entre los dos no era difícil. La cólera de mamá era mucho peor. Yo siempre asentía y decía tímidamente lo que quería oír. Después me pedía a gritos que tenía que repetirle las palabras delante de papá. Muchas veces me insistía para que me las inventara si no las recordaba, lo cual me molestaba mucho, porque sabía que, al intentar evitar una paliza, mordía la mano que me solía dar de comer. Al principio traté de explicarle a papá por qué había mentido y me había puesto en su contra. Primero me dijo que lo comprendía, pero, al final, supe que había perdido la confianza en mí. En vez de compadecerlo, sólo lo odiaba aún más.

Los niños que vivían arriba ya no eran mis hermanos. Años atrás, a veces habían conseguido animarme un poco. Pero en el verano de 1972 se turnaron para pegarme, y parecía que les gustaba. Era evidente que se sentían superiores al esclavo de la familia. Cuando se aproximaban a mí, el corazón se me volvía duro como una roca, y estoy seguro de que me veían el odio dibujado en la cara. Cuando uno de ellos pasaba, como un pavo real, a mi lado, musitaba desdeñosamente "imbécil", una victoria escasa y vacía. Me aseguraba de que no me oyeran. Llegué a despreciar a los vecinos, a mis familiares y a todos los que me conocían y sabían las condiciones en que vivía. El odio era lo único que me quedaba.

En el fondo de mi alma me odiaba a mí mismo por encima de todo y de todos. Me convencí de que lo que me sucedía era por mi culpa, por haber consentido que durase tanto. Quería lo que tenían los demás, pero no veía el modo de conseguirlo, así que los odiaba por tenerlo. Quería ser fuerte, pero sabía que, en el fondo, era un blandengue. Nunca tuve el valor de enfrentarme a la Arpía, así que sabía que me merecía lo que me pasaba. Durante años, mamá me había lavado el cerebro haciéndome gritar con todas mis fuerzas: "¡Me odio! ¡Me odio!" Sus esfuerzos habían dado resultado. Unas semanas antes de empezar quinto, me odiaba tanto que quería morirme.

La escuela ya no me atraía como antes. Trataba de concentrarme en mi trabajo cuando estaba en clase, pero la ira que tenía reprimida solía estallar en momentos equivocados. Un viernes por la tarde, en el invierno de 1973, abandoné hecho una furia la clase, sin motivo aparente, gritando a todo el mundo mientras salía. Di un portazo tan fuerte que creí que el cristal que había encima de la puerta se haría añicos. Corrí al baño y aporreé los azulejos con mi pequeño puño hasta quedarme sin fuerzas. Después me desplomé en el suelo rezando para que se produjera un milagro. No se produjo.

El tiempo que pasaba fuera del aula, al menos, era mejor que el que pasaba en la "casa infernal" de mamá. Como era un marginado en la escuela, mis compañeros, a veces, proseguían donde mamá lo había dejado. Clifford era uno de ellos, un valentón del patio que con frecuencia me atrapaba cuando volvía corriendo de la escuela a casa. Darme una paliza era el modo que tenía Clifford de presumir ante sus amigos. Lo único que podía hacer era tirarme al suelo y cubrirme la cabeza, mientras Clifford y su banda se turnaban para darme puntapiés.

Aggie era otro tipo de torturadora. Nunca fallaba a la hora de encontrar nuevas y distintas maneras de decirme lo mucho que deseaba que "me muriera". Su estilo era puro esnobismo. Encabezaba un pequeño grupo de niñas. El principal objetivo de la vida de Aggie y de su camarilla, además de atormentarme, era lucir ropa elegante. Siempre supe que no le caía bien, pero no me di cuenta de en qué medida hasta el último día de escuela de cuarto grado. La madre de Aggie era la profesora de cuarto en el aula de la reunión matinal, y el último día del curso, Aggie entró en ella con cara de estar vomitando y dijo:

—David Pelzer, el apestoso, estará en mi clase el año que viene.

No tenía el día completo hasta que no lanzaba un comentario grosero sobre mí delante de sus amigas.

No tomaba en serio a Aggie, al menos no lo hice hasta una excursión que realizamos en quinto grado para ver uno de los clípers de San Francisco. Mientras me hallaba solo en la proa del barco, Aggie se acercó con una sonrisa malvada y me dijo en voz baja:

—¡Salta!

Me sobresalté y la miré a la cara tratando de comprender lo que quería decir. Volvió a hablar en voz baja y tranquila:

—Te he dicho que deberías saltar. Lo sé todo sobre ti, Pelzer, y saltar es tu única salida.

Otra voz habló después de la suya.

—Ya sabes que tiene razón.

Era la voz de John, otro de mis compañeros y uno de los protectores de Aggie. Miré hacia atrás, por encima de la barandilla, y me fijé en el agua fría y verde que lamía el costado de madera del barco. Por un momento me vi zambulléndome en el agua con la certeza de que me ahogaría. Era un pensamiento consolador que me aseguraba poder huir de Aggie, de sus amigos y de todo lo que odiaba en el mundo. Pero recuperé el buen sentido, elevé los ojos y los fijé directamente en los de John, tratando de sostenerle la mirada. Al cabo de unos instantes debió de darse cuenta de mi ira, porque se dio la vuelta y se llevó a Aggie consigo.

Al comienzo del quinto grado, el señor Ziegler, mi tutor, no tenía ni idea de por qué era un niño tan problemático. Más tarde, cuando la enfermera de la escuela le contó por qué había robado comida y por qué vestía de aquella manera, el señor Ziegler se esforzó en tratarme como si fuera un niño normal. Una de sus tareas como patrocinador del periódico de la escuela consistió en formar un comité de niños para que pusiera nombre al periódico. A mí se me ocurrió una expresión pegadiza, y una semana después me inscribí con otros en unas elecciones en las que participaba toda la escuela para seleccionar el mejor nombre para el periódico. El mío ganó por aplastante mayoría. El día en que tuvo lugar la votación, el señor Ziegler me llevó aparte y me dijo lo orgulloso que estaba de que hubiera ganado. Me bebí sus palabras como si fuera una esponja. Hacía tanto tiempo que no me decían algo alentador que casi me eché a llorar. Al final del día, el señor Ziegler, después de asegurarme que no tendría problemas, me dio una carta para mamá. Eufórico, corrí a casa de mamá más de prisa que nunca. Como tenía que haber previsto, mi alegría duró poco. La Arpía abrió la carta, la leyó rápidamente y me dijo mofándose:

—El señor Ziegler dice que debo estar orgullosa de ti por haber dado nombre al periódico de la escuela. También afirma que eres uno de los mejores alumnos de la clase. Vaya, ¿no eres algo especial? —De repente, su voz se volvió fría como el hielo, me puso un dedo en la cara y dijo entre dientes—: ¡Que te quede claro esto, hijo de puta! ¡Nada de lo que hagas me va a impresionar! ¿Me entiendes? ¡Eres un *don nadie*! ¡Una *cosa*! ¡No existes! ¡Eres un bastardo! ¡Te odio y querría verte muerto! *¡Muerto! ¿Me oyes? ¡Muerto!*

Tras romper la carta en trocitos, me dio la espalda y siguió viendo la televisión. Me quedé inmóvil mirando los trozos que yacían a mis pies como copos de nieve. Aunque había oído las mismas palabras de forma repetida, esa vez la palabra "cosa" me dejó más anonadado que nunca. Mamá me había despojado de mi existencia. Yo había hecho todo lo posible para conseguir algo positivo que *ella* reconociera. Pero había vuelto a fracasar. Me sentía más desanimado que nunca. Las palabras de mamá no eran producto de la bebida; le salían del corazón. Habría supuesto un alivio para mí que volviera con un cuchillo y acabara conmigo de una vez.

Me arrodillé y traté de volver a unir los pedacitos de la carta. Era imposible. Los tiré a la basura y deseé que mi vida acabara. En ese momento creía sinceramente que la muerte era preferible a mis perspectivas de hallar alguna clase de felicidad. No era nada más que una "cosa".

Tenía la moral tan baja que, de forma autodestructiva, esperaba que me matara, y creía que al final lo haría. En mi mente sólo era cuestión de cuándo sucedería. Así que comencé a irritarla a propósito, con la esperanza de provocarla lo suficiente como para que pusiera punto final a mi desgracia. Comencé a realizar las tareas domésticas de forma descuidada. No fregaba el suelo del baño y esperaba que mamá o uno de sus súbditos se escurriera, se cayera y se hiciera daño al golpearse con el duro suelo de azulejos. Al fregar los platos de la cena, dejaba trocitos de comida en ellos. Quería que la Arpía supiera que ya todo me daba igual.

A medida que cambiaba de actitud, me volvía más rebelde. Un día se produjo una crisis en la tienda de comestibles. Normalmente me quedaba en el auto, pero ese día, por algún motivo desconocido, mamá decidió que entrara con ella. Me ordenó que agarrara el carrito con una mano y que inclinara la cabeza hacia el suelo. Desobedecí deliberadamente todas sus órdenes.

Sabía que no querría montar un escándalo en público, así que me puse delante del carro, cerciorándome de guardar las distancias. Si mis hermanos hacían algún comentario sobre mí, se lo devolvía. Me dije, sencillamente, que ya no iba a aceptar más estupideces de nadie.

Mamá sabía que otros clientes nos estaban mirando y escuchando, así que, varias veces, me cogió del brazo y me dijo, en un tono agradable, que me portara bien. Me sentía lleno de vida al saber que llevaba ventaja en la tienda, pero también sabía que, cuando saliéramos, pagaría por lo que estaba haciendo. Tal como pensaba, mamá me dio una paliza antes de llegar a la ranchera. En cuanto entramos en el vehículo, me dijo que me tumbara en el suelo, en la parte posterior, donde los niños se turnaron en pisarme por ponerme insolente con ellos y con mamá. Inmediatamente después de entrar en casa, mamá me preparó un cubo especial de amoníaco y Clorox. Debía de haber adivinado que usaba el trapo como máscara, porque lo echó al cubo. En cuanto salió del baño dando un portazo, fui corriendo hacia el conducto de la calefacción. No se ponía en marcha. No salía aire fresco. Debí de estar en el cuarto de baño más de una hora, porque el humo gris ocupaba toda la habitación, hasta el suelo. Se me llenaron los ojos de lágrimas, que parecían activar aún más el veneno. Escupía flemas y me daban tantas arcadas que creí que me iba a desmayar. Cuando, por fin, mamá abrió la puerta, salí disparado hacia el vestíbulo, pero su mano me agarró por el cuello. Trató de meterme la cabeza en el cubo, pero me resistí y no lo consiguió. Mi plan de rebelarme también fracasó. Después del largo incidente de la "cámara de gas", volví a mi debilidad anterior, pero en mi interior seguía sintiendo que la presión aumentaba como en un volcán, a la espera de entrar en erupción desde lo más profundo de mi alma.

Lo único que me mantenía cuerdo era Kevin, mi hermano pequeño. Era un bebé precioso y lo quería. Aproximadamente tres meses y medio antes de que naciera, mamá me dejó ver una película navideña de dibujos animados. Después del programa, me ordenó, por razones que desconozco, que me sentara en el cuarto de mis hermanos. Minutos después entró precipitadamente, me puso las manos en el cuello y trató de estrangularme. Giré la cabeza a ambos lados para intentar librarme de sus manos. Cuando comencé a perder las fuerzas, instintivamente, le di puntapiés en las piernas y la obligué a soltarme. Pronto lamentaría el incidente.

Aproximadamente un mes después de su intento de estrangularme, mamá me dijo que le había dado unas patadas tan fuertes en el estómago que el bebé tendría un defecto permanente de nacimiento. Me sentí como si fuera un asesino. Sin embargo, no se dio por satisfecha sólo con decírmelo. Disponía de diversas versiones del incidente para todo aquel que quisiera escucharla. Explicaba que había intentado abrazarme y que me había puesto a darle patadas o puñetazos en el estómago. Afirmaba que lo había hecho porque tenía celos del futuro bebé. Explicaba que tenía miedo de que prestara más atención al bebé que a mí. Yo quería a Kevin de verdad, pero, como no se me permitía ni siquiera *mirarlo*, ni tampoco a mis hermanos, no tenía ocasión de demostrar lo que sentía. Recuerdo un sábado que mamá se llevó a mis hermanos a un partido de baloncesto en Oakland y dejó a Kevin al cuidado de mi padre, mientras yo llevaba a cabo mis tareas. Cuando terminé, papá sacó a Kevin de la cuna. Me gustó verlo gatear con su bonita ropa. Me pareció precioso. Una de las veces que levantó la cabeza y me sonrió, sentí que me derretía. Consiguió que olvidara mis sufrimientos durante un rato. Mientras lo seguía por la casa, su inocencia resultaba hipnótica. Le limpiaba la baba y me mantenía detrás de él para que no se hiciera daño. Antes de que mamá volviera, jugué con él a las palmadas. El sonido de la risa de Kevin me llenaba el corazón de ternura, y después, siempre que estaba deprimido, pensaba en él. Sonreía para mis adentros cuando oía a Kevin chillar de alegría.

Mi breve relación con Kevin se fue desvaneciendo y volvió a resurgir el odio. Me esforzaba por ocultar mis sentimientos, pero no lo conseguía. Sabía que nunca nadie me querría. Sabía que nunca tendría una vida como la de mis hermanos. Y lo peor de todo es que sabía que sólo era cuestión de tiempo para que Kevin comenzara a odiarme, al igual que los demás. Poco después, durante ese otoño, mamá empezó a encauzar su frustración en otras direcciones. Me seguía despreciando como siempre, pero comenzó a distanciarse de sus amistades, de su marido, de su hermano e incluso de su madre. Ya de pequeño me di cuenta de que mamá no se llevaba con su familia. Creía que todos pretendían decirle lo que debía hacer. Nunca estaba a gusto, sobre todo con su madre, que también era una mujer terca. La abuela solía ofrecerse para comprarle un vestido nuevo y para llevarla a un salón de belleza. Mamá no sólo rechazaba sus ofrecimientos, sino que se ponía a chillar y a gritar hasta que la abuela se marchaba de *su* casa. A veces, la abuela trataba de ayudarme, pero sólo contribuía a empeorar las cosas. Mamá insistía en que su aspecto y el modo de educar a sus hijos no eran asunto de nadie. Después de varios enfrentamientos de esta clase, las visitas de la abuela a casa de mamá se espaciaron.

A medida que se aproximaba el período de vacaciones, mamá discutía cada vez más con la abuela por teléfono. Le dedicaba —y era su madre— todos los insultos que se le ocurrían. Los problemas entre mamá y la abuela me perjudicaban porque, después de una de sus peleas, me solía convertir en el objeto en que mamá descargaba su ira. Una vez, estando en el sótano, oí que mamá llamaba a mis hermanos para que fueran a la cocina y que les decía que ya no tenían abuela ni tío.

Mamá era igual de despiadada en su relación con papá. Cuando iba a casa de visita o para quedarse todo el día, comenzaba a gritarle desde el momento en que entraba por la puerta. En consecuencia, solía venir borracho. Para no cruzarse con ella, papá se dedicaba a hacer chapuzas fuera de la casa. Provocaba la ira de mamá incluso cuando estaba trabajando. Solía llamarlo por teléfono al cuartel de bomberos para insultarlo. "Inútil" y "fracasado borracho" eran dos de sus insultos preferidos. Al cabo de varias llamadas, el bombero que cogía el teléfono colgaba sin avisarle por megáfono a papá, lo cual enfurecía a mamá, y yo volvía a ser objeto de su furia.

Mamá prohibió a papá entrar en casa durante un tiempo; yo sólo lo veía cuando íbamos en auto a San Francisco a recoger su paga. Una vez, cuando íbamos a por el cheque, pasamos por el parque del Golden Gate. Aunque la ira nunca me abandonaba, recordé los buenos tiempos en que el parque había significado tanto para toda la familia. Mis hermanos también estaban callados ese día mientras lo cruzábamos. Parecía que todos percibíamos que había perdido su atractivo y que las cosas nunca volverían a ser como antes. Pensé que tal vez mis hermanos creían que los buenos tiempos también se habían acabado para ellos.

Durante un breve período de tiempo, la actitud de mamá hacia papá cambió. Un domingo, mamá nos metió a todos en la ranchera y fuimos de tienda en tienda buscando un disco de canciones alemanas. Quería crear un ambiente especial para cuando llegara papá a casa. Pasó casi toda la tarde preparando un festín con el mismo entusiasmo que la había impulsado años atrás. Tardó horas en peinarse y en maquillarse bien. Incluso se puso un vestido que recordaba a la persona que había sido. Estaba seguro de que Dios había oído mis plegarias. Mientras se paseaba por la casa, colocando todo lo que le parecía que no estaba en su sitio, yo sólo pensaba en la comida. Sabía que me dejaría comer con la familia. Vana esperanza.

El tiempo se alargaba interminablemente y llegó la tarde. Se suponía que papá llegaría a la una del mediodía, y cada vez que mamá oía que un auto se acercaba, salía disparada hacia la puerta principal para recibirlo con los brazos abiertos. Poco después de las cuatro, papá entró tambaleándose con un amigo del trabajo. Lo sorprendieron el ambiente y los preparativos festivos. Desde el dormitorio oí la voz tensa de mamá tratando de ser muy paciente con papá. Unos minutos después, papá entró en el cuarto dando traspiés. Lo miré asombrado. Nunca lo había visto tan borracho. No hacía falta que hablara para oler a alcohol. Sus ojos habían sobrepasado la fase de enrojecimiento, y parecía bastante problemático que consiguiera mantenerse en pie y despierto. Antes de que abriera la puerta del armario, yo ya sabía lo que iba a hacer. Sabía por qué había venido a casa. Mientras llenaba la bolsa azul de ropa, comencé a llorar en mi interior. Quería volverme lo suficientemente pequeño como para saltar dentro de la bolsa y que me llevara consigo.

Cuando acabó, se arrodilló y farfulló algo. Cuanto más lo miraba, más me flaqueaban las piernas. Las preguntas se me agolpaban en la mente. "¿Dónde está mi héroe?" "¿Qué le ha pasado?" Al abrir la puerta para salir, su amigo borracho chocó con él y casi lo tiró al suelo. Papá movió la cabeza a un lado y a otro y dijo con voz triste:

—No aguanto más. Es todo. Tu madre, esta casa, tú. Ya no lo aguanto más.

Antes de cerrar la puerta del dormitorio, a duras penas lo oí murmurar:

—Lo . . . lo . . . lo siento.

Ese año, la cena del Día de Acción de Gracias fue un fracaso. Como gesto de buena voluntad, mamá me dejó cenar en la mesa con la familia. Me hundí en la silla y me concentré para no decir ni hacer nada que la hiciera explotar. Percibía la tensión entre mis padres. Apenas hablaban, y mis hermanos masticaban en silencio. Casi no habíamos terminado de cenar cuando estallaron las palabras desagradables. Al terminar la pelea, papá se marchó. Mamá cogió de uno de los armarios su premio en forma de botella y se sentó en un extremo del sofá. Estaba sentada sola y se servía vaso tras vaso de alcohol. Mientras quitaba la mesa y lavaba los platos, me di cuenta de que esta vez no era el único en quien influía el comportamiento de mamá. Parecía que mis hermanos experimentaban el mismo miedo que yo llevaba tantos años sintiendo.

Durante un corto período de tiempo, papá y mamá intentaron guardar las formas. Pero para el día de Navidad ya se habían cansado de semejante farsa. La tensión de tratar de ser agradable con el otro era más de lo que ambos podían soportar. Sentado en la parte superior de las escaleras, mientras mis hermanos acababan de abrir los regalos, oía cómo se intercambiaban palabras airadas. Rogué que hicieran las paces, aunque sólo fuera ese día especial. Mientras estaba sentado en las escaleras del sótano esa mañana de Navidad, supe que, si Dios quería que papá y mamá fueran felices, yo tendría que morir.

Unos días después, mamá empaquetó la ropa de papá en cajas y nos llevó en carro, a mis hermanos y a mí, a un lugar que se hallaba a algunas manzanas del cuartel de bomberos. Allí, frente a un lúgubre motel, esperaba papá. Su rostro parecía expresar alivio. Se me cayó el alma a los pies. Después de años de inútiles oraciones, sabía que, por fin, había ocurrido: mis padres se iban a separar. Cerré los puños con tanta fuerza que creí que los dedos se me romperían contra las palmas de las manos. Mientras mamá y los niños entraban en la habitación de papá en el motel, me quedé sentado en el carro, maldiciendo el nombre de papá sin parar. Lo odiaba por abandonar a su familia. Pero quizá aún más, le tenía envidia, porque él había conseguido escapar y yo no. Yo tenía que seguir viviendo con mamá. Antes de que el auto arrancara, papá se inclinó hacia la ventanilla abierta donde yo estaba sentado y me dio un paquete. Contenía información que me había prometido para un trabajo sobre un libro que estaba haciendo en la escuela. Sabía que se sentía aliviado al separarse de mamá, pero también vi tristeza en sus ojos mientras arrancábamos y nos perdíamos entre el tráfico.

La vuelta a Daly City fue solemne. Cuando mis hermanos hablaban, lo hacían en voz muy baja para no molestar a mamá. Al llegar a la ciudad, mamá trató de animarlos invitándolos a un McDonald's. Como era habitual, me quedé en el carro mientras ellos entraban. Miré el cielo por la ventanilla abierta. Una capa gris lo cubría todo, y sentí en la cara las frías gotitas de niebla. Al mirarla, me sentí aterrorizado. Sabía que ahora nada detendría a mamá. Perdí las pocas esperanzas que me quedaban. Carecía de la voluntad de seguir adelante. Me sentía como si fuera un hombre en el "corredor de la muerte", sin saber cuándo me llegaría la hora.

Quería salir huyendo del carro, pero el miedo me impidió moverme ni un centímetro. Me detestaba por mi debilidad. En vez de correr, agarré con fuerza el paquete que papá me había dado y lo olí buscando el aroma de su colonia.

Al no poder detectar olor alguno, dejé escapar un sollozo. En ese momento odiaba a Dios más que a nada en este mundo o en otro. Dios conocía mi lucha de años, pero se había limitado a observar, mientras las cosas iban de mal en peor. Ni siquiera me concedía un resto del aroma de la loción Old Spice que papá usaba después de afeitarse. Dios me había arrebatado mi mayor esperanza. Maldije su nombre y deseé no haber nacido.

Desde fuera me llegó el ruido de mamá y mis hermanos que se acercaban al auto. Me sequé las lágrimas rápidamente y volví a la seguridad interior de mi endurecida coraza. Mientras mamá salía del estacionamiento del McDonald's, miró hacia atrás y me dijo con sorna:

—Ahora eres todo mío. ¡Qué pena que tu padre no esté para protegerte!

Sabía que todas mis defensas eran inútiles. No podría sobrevivir. Sabía que me mataría, si no hoy, mañana. Ese día rogué que mamá tuviera piedad y que me matara de forma rápida.

Mientras mis hermanos devoraban sus hamburguesas, junté las manos sin que se dieran cuenta, incliné la cabeza, cerré los ojos y recé con toda mi alma. Cuando la ranchera giró para entrar en casa, creí que había llegado mi hora. Antes de abrir la puerta del carro, incliné la cabeza y, sintiéndome en paz conmigo mismo, susurré:

—. . . mas líbranos del mal. Amén.

Epílogo
Condado de Sonoma,
California

Me siento tan lleno de vida...

Mientras contemplo la belleza del interminable océano Pacífico, la brisa del final de la tarde sopla desde las montañas que se hallan a mi espalda. Hace un día precioso, como siempre. El sol emprende el descenso final. La magia está a punto de comenzar. El cielo está listo para resplandecer en llamas y pasa de un azul claro a un naranja vivo. Miro hacia el oeste y me siento sobrecogido ante el poder hipnótico de las olas. Comienza a formarse un bucle gigante y, después, al chocar contra la orilla, se deshace acompañado del ruido de un trueno. Una bruma invisible me golpea la cara instantes antes de que el agua azul y espumosa casi bañe mis pies. La espuma burbujeante retrocede con rapidez ante el empuje de las olas. De repente, un trozo de madera llega a la playa. Tiene una forma extraña y torcida. La madera está carcomida, aunque parece lisa y blanqueada por el sol.

Me agacho para cogerla. Cuando extiendo los dedos, el agua la alcanza y la arrastra de nuevo mar adentro. Durante un instante parece que lucha por permanecer en la orilla. Deja un rastro tras de sí antes de penetrar en el agua, donde cabecea violentamente hasta que se rinde al océano.

El trozo de madera me deja maravillado, pues pienso en cuánto me recuerda mi vida anterior. Mis comienzos fueron extremadamente turbulentos: me empujaban y tiraban de mí en todas direcciones. Cuanto más espeluznante era la situación en que me hallaba, más me parecía que una inmensa fuerza me empujaba hacia una gigantesca resaca que me engullía. Luchaba con todas mis fuerzas, pero el ciclo parecía no tener fin. Hasta que, de repente y sin previo aviso, me liberé.

Soy tan afortunado. He dejado atrás mi oscuro pasado. A pesar de lo horrible que fue, ya entonces sabía que, en último término, mi vida dependía de mí. Me hice la promesa de que, si salía de aquella situación con vida, llegaría a hacer algo. Sería la mejor persona que pudiera. Hoy lo soy. Me aseguré de haberme desprendido del pasado, al aceptar el hecho de que esa parte de mi vida sólo constituía una pequeña fracción del total. Sabía que el agujero negro estaba ahí, tratando de succionarme y de controlar mi destino para siempre, pero sólo si se lo permitía. Tomé el control de mi vida.

He recibido muchas bendiciones. Los retos del pasado me han hecho tremendamente fuerte por dentro. Me *adapté en seguida y aprendí a sobrevivir en una mala situación. Aprendí el secreto de la motivación interna. Mi experiencia me ofreció una perspectiva diferente de la vida que tal vez otros nunca lleguen a conocer. Valoro inmensamente cosas que otros dan por supuestas. Cometí algunos errores, pero tuve la suerte de recuperarme de sus consecuencias. En vez de pensar en el pasado, me concentré en lo que había aprendido en el garaje años atrás: saber que el buen Dios siempre estaba conmigo, dándome ánimos y fuerza cuando más lo necesitaba.*

Asimismo he sido afortunado por tener la oportunidad de conocer a muchas personas que han ejercido una influencia positiva en mi vida. Un mar interminable de rostros que me ha animado, me ha enseñado a elegir bien y me ha ayudado en mi búsqueda del éxito. Estimularon mi ansia de superación. Para ampliar mi campo de actividades, me alisté en las Fuerzas Aéreas de Estados Unidos, donde descubrí valores históricos y un sentimiento de orgullo y de formar parte de algo que, hasta entonces, no había conocido. Después de años de esfuerzo tuve claro mi objetivo; por encima de todo, me di cuenta de que Estados Unidos es la tierra donde, desde unos comienzos muy humildes, se puede llegar a triunfar por tu esfuerzo personal.

El embate explosivo de las olas me devuelve a la realidad. El trozo de madera que he estado observando desaparece en el remolino de las aguas. Sin más vacilaciones, me doy la vuelta y me dirijo al vehículo. Unos segundos después corro en mi Toyota por las curvas serpenteantes hacia mi secreta utopía. Hace años, cuando vivía en la oscuridad, soñaba con un lugar secreto. Ahora, siempre que puedo escaparme, vuelvo al río. Tras detenerme a recoger mi cargamento precioso en Río Villa, en Monte Río, vuelvo a la carretera. Es una carrera contra el tiempo, porque el sol está a punto de ponerse; uno de los sueños de mi vida está a punto de hacerse realidad.

Al entrar en la tranquila ciudad de Guerneville, reduzco la velocidad del todoterreno hasta ir a paso de tortuga. Toco el freno antes de girar a la derecha para coger la avenida de Riverside. Con las ventanillas bajadas, me lleno los pulmones del aire dulce y puro de las secuoyas, que se balancean suavemente.

Paro el Toyota blanco enfrente de la misma casa que hace una eternidad mi familia y yo ocupamos en las vacaciones de verano: avenida de Riverside, 17426. La casa, como muchas otras cosas, también ha cambiado. Hace años se añadieron dos dormitorios minúsculos detrás de la chimenea. Antes de las inundaciones de 1986 se llevó a cabo un vago intento de ampliar la pequeñísima cocina. Hasta se ha podrido el poderoso tocón al que, hace años, mis hermanos y yo subíamos y donde pasábamos horas interminables. Sólo el techo de la cabaña, de madera de cedro oscurecida, y la chimenea de piedras del río permanecen inalterados.

Me siento un poco triste al alejarme por el caminito de gravilla. Con cuidado de no molestar a nadie, conduzco a mi hijo Stephen por un pasadizo estrecho que sale de la misma casa por la que hace años mis padres nos hacían cruzar a mis hermanos y a mí. Conozco al dueño y estoy seguro de que no le importará. Sin pronunciar palabra, mi hijo y yo miramos hacia el oeste. El río Russian es el mismo de siempre, verde oscuro y liso como un espejo, y fluye suavemente hacia el poderoso océano Pacífico. Los azulejos se llaman unos a otros mientras surcan el aire y desaparecen entre las secuoyas. Haces azules y naranjas bañan ahora el cielo. Vuelvo a inspirar profundamente y cierro los ojos para disfrutar del momento como hice años atrás.

Cuando los abro, una lágrima me corre por la mejilla. Me arrodillo y abrazo a Stephen por los hombros. Sin dudarlo, echa la cabeza hacia atrás y me da un beso.

—Te quiero, papá.

—Yo también te quiero —le contesto.

Mi hijo eleva la vista al cielo que se oscurece. Se le agrandan los ojos al tratar de atrapar el sol que desaparece.

—¡Éste es mi lugar preferido del mundo! —afirma.

Se me hace un nudo en la garganta. Un reguero de lágrimas comienza a caer.

—El mío también —le contesto—. El mío también.

Stephen está en la edad mágica de la inocencia, pero sabe mucho para sus años. Incluso ahora, mientras las lágrimas saladas me corren por las mejillas, Stephen me sonríe, lo que me permite conservar la dignidad. Pero sabe por qué lloro. Stephen sabe que mis lágrimas son de felicidad.

—Te quiero, papá.

—Yo también te quiero, hijo.

SOY LIBRE.

Perspectivas del maltrato infantil

Dave Pelzer
Superviviente

Cuando era un niño que vivía en un mundo oscuro, temía por mi vida y creía que estaba solo. Ahora que soy adulto sé que no lo estaba. Había muchos miles de niños maltratados.

Las fuentes de información no coinciden, pero se calcula que, en Estados Unidos, uno de cada cinco niños sufre malos tratos físicos, emocionales o sexuales. Por desgracia, entre el público desinformado hay quien cree que la mayor parte de los malos tratos sólo consiste en que los padres ejercen su "derecho" a imponer disciplina a sus hijos y se les va un poco la mano. Tal vez estas mismas personas consideren poco probable que el exceso de disciplina tenga repercusiones en la vida adulta. Su falta de información es trágica.

Un adulto que es víctima de un oscuro pasado de maltrato infantil, cualquier día puede descargar su frustración reprimida en la sociedad o en las personas que quiere. El público se halla bien informado sobre los casos menos habituales. Los incidentes poco corrientes atraen la atención de los medios de comunicación y disparan las audiencias. Conocemos el caso del padre abogado que dio un puñetazo a su hijo y lo dejó inconsciente en el suelo antes de irse a acostar. Conocemos el caso del padre que metió a su hijo en el retrete. Ambos niños murieron. Un caso aún menos habitual es el de los padres que mataron a sus hijos —uno cada uno— y tuvieron escondidos los cuerpos durante cuatro años. Hay otras historias destacadas, como la del niño maltratado que se convirtió en el hombre que provocó una carnicería en un McDonald's, donde mató a tiros a víctimas indefensas hasta que la policía lo abatió.

Más habituales son los desconocidos que desaparecen, como el niño sin techo que duerme debajo de un puente de la autopista y tiene como hogar una caja de cartón. Cada año, miles de niñas maltratadas se escapan de su casa y venden su cuerpo para poder sobrevivir. Otras salen adelante entrando en bandas que se dedican a la violencia y a la destrucción.

Muchas víctimas de malos tratos infantiles ocultan su pasado en su interior de manera tan profunda que es inconcebible la posibilidad de que se conviertan, a su vez, en personas que maltratan. Llevan una vida normal, se casan, sacan adelante a su familia y desarrollan una profesión. Pero los problemas normales de la vida cotidiana suelen obligar a las víctimas del maltrato a comportarse como aprendieron de pequeños. El cónyuge y los hijos se convierten en objeto de su frustración y, sin saberlo, cierran el círculo y completan el interminable ciclo de la ira.

Hay víctimas del maltrato infantil que permanecen tranquilamente encerrados en su concha. Miran hacia otro lado y creen que su pasado, si no lo aceptan, desaparecerá. Creen que, por encima de todo, la caja de Pandora debe seguir cerrada.

Cada año, en Estados Unidos, se invierten millones de dólares en los organismos de protección de la infancia. Este dinero se emplea en servicios locales como los hogares adoptivos o las residencias juveniles. Hay subvenciones para miles de organizaciones privadas que se dedican a prevenir el maltrato infantil, a asesorar a los padres que maltratan y a las víctimas. Cada año se incrementa el número. En 1990 se denunciaron más de 2,5 millones de casos de malos tratos infantiles en Estados Unidos. En 1991, el número llegó a 2,7 millones. Mientras escribo, los cálculos superan los tres millones.

¿Por qué? ¿Cuál es el origen de la tragedia del maltrato infantil? ¿Es, de verdad, tan malo como se afirma? ¿Se puede detener? Y, tal vez la pregunta más importante, ¿qué es el maltrato a los ojos de un niño?

Lo que el lector acaba de leer es la historia de una familia normal destruida por el secreto que ocultaba. La historia tiene dos propósitos: el primero es informar al lector de cómo un progenitor cariñoso y dedicado puede transformarse en un monstruo frío, que maltrata a un niño indefenso al dar rienda suelta a sus frustraciones; el segundo es demostrar la supervivencia y el triunfo finales del espíritu humano frente a circunstancias aparentemente insuperables.

Habrá lectores a quienes la historia resulte irreal y perturbadora. Pero el maltrato infantil es un fenómeno perturbador que constituye una realidad en nuestra sociedad. Tiene un efecto dominó que alcanza a todos los que se relacionan con la familia. Quien resulta más afectado es el niño, pero alcanza al círculo familiar más cercano: al cónyuge, que se suele hallar en el dilema de elegir entre el hijo y la pareja; de ahí se extiende a los demás hijos de la familia, que no comprenden lo que sucede y que también se sienten amenazados; también incluye a los vecinos, que oyen los gritos pero no reaccionan; a los profesores, que ven los moretones y tienen que enfrentarse a un niño que se halla demasiado distraído para aprender, y a los familiares, que quieren intervenir, pero que no desean poner en peligro las relaciones familiares.

Esta historia es algo más que una historia de supervivencia. Es la historia de una victoria y de una celebración. Incluso en sus pasajes más terribles, el corazón no se deja vencer. Es importante que el cuerpo sobreviva, pero lo es más aún que prevalezca el espíritu.

Ésta es mi historia, sólo mía. Durante años estuve confinado en la oscuridad de mi mente y de mi corazón, estuve solo y fui un lamentable "perdedor". Al principio sólo quería ser como los demás, pero mi motivación se incrementó y quise convertirme en un "triunfador". Durante más de trece años serví a mi país en el ejército. Ahora lo hago organizando seminarios y talleres para quienes lo necesitan, ayudándolos a romper las cadenas. Llevo un mensaje a los niños maltratados y a quienes trabajan con ellos de parte de alguien que ha pasado por la misma experiencia. Les proporciono un punto de vista que deriva de la realidad brutal del maltrato infantil y que se nutre de la esperanza en un mañana mejor. Y lo más importante, he roto el círculo y soy un padre cuya única culpa es la de mimar a su hijo con amor y aliento.

En la actualidad hay millones de personas en Estados Unidos que necesitan ayuda desesperadamente. Mi misión consiste en ayudar a quienes precisan una mano amiga. Creo que es importante que sepan que, con independencia de lo que les haya sucedido en el pasado, pueden superar el lado oscuro y seguir adelante hacia una vida más luminosa. Tal vez resulte paradójico que, sin los malos tratos que padecí en el pasado, hoy no sería lo que soy. Debido a los aciagos días de mi infancia, valoro profundamente la vida. He tenido la suerte de transformar la tragedia en un triunfo. Ésta es mi historia.

Puede ser que, en ningún otro momento de la historia de Estados Unidos, la familia se haya visto sometida a tantas tensiones como ahora. Los cambios económicos y sociales la han llevado al límite y han aumentado la probabilidad del maltrato infantil. Para que la sociedad asuma el problema, hay que exponerlo. Cuando se haya hecho, se entenderán sus causas y se podrá comenzar a ayudar de verdad a las víctimas. La infancia debería ser una época despreocupada, de jugar al aire libre; no de vivir una pesadilla en la oscuridad del alma.

STEVEN E. ZIEGLER
Profesor

El mes de setiembre de 1992 comenzó como un mes típico de vuelta a la escuela. En mi vigésimo segundo año de enseñanza hallé la habitual confusión frenética e interminable. Había casi doscientos alumnos nuevos, cuyos nombres me tenía que aprender, y varios nuevos miembros del cuerpo docente a quienes dar la bienvenida. Había que despedirse de las vacaciones veraniegas y saludar las responsabilidades añadidas y el pesimismo de todos los años con respecto al dinero para las escuelas. Aparentemente, nada había cambiado en el principio del curso hasta que, el 21 de setiembre, llegó un recado telefónico que, de doloroso golpe, me hizo retroceder veinte años: "Un tal David Pelzer desea que se ponga en contacto con su agente para hablar de unos informes de maltrato infantil con los que usted tuvo relación hace veinte años." El pasado volvía con demasiada rapidez.

Sí, recuerdo muy bien a David Pelzer. Me acababa de graduar en la universidad, era un profesor recién llegado, y cuando miro atrás, me doy cuenta de que no sabía gran cosa sobre la realidad de la profesión que había elegido. Y lo que menos conocía era el maltrato infantil. A principios de los años 70 no sabía que existiera. Si así era, se hallaba encerrado "en el armario", como tantos otros estilos de vida y comportamientos que no se podían mencionar en aquella época. Hemos aprendido mucho, pero nos queda mucho camino por andar.

Mis pensamientos vuelven a la escuela Thomas Edison de Daly City, California, en setiembre de 1972. David Pelzer se matriculó como alumno mío de quinto grado. Yo, entonces, carecía de experiencia, pero tenía la suerte de estar dotado de una sensibilidad que me indicaba que había algo terrible en la vida de David. El rastro de la comida que faltaba a otros niños me llevó hasta ese chico delgado y triste. Las partes de su cuerpo que se veían mostraban moretones que te llevaban a interrogarte sobre su origen. Todo comenzaba a apuntar en una dirección: estaban pegando y castigando a ese niño de manera que sobrepasaba con mucho lo que los padres suelen hacer normalmente. Años después supe que lo que había contemplado en el aula constituía el tercero en la lista de los peores casos de maltrato infantil de los que se tenía noticia en todo el estado de California.

No me corresponde volver a narrar los detalles gráficos de los que, hace tantos años, fuimos testigos mis colegas y yo, y que denunciamos a las autoridades. Ese relato es privilegio de David y tiene la oportunidad de narrarlo en este libro. ¡Qué maravillosa oportunidad la de este joven para darse a conocer y contar su historia para que otros niños no sufran! Admiro profundamente su valor al hacerlo.

Con mis mejores deseos, David. No me cabe la menor duda de lo lejos que has llegado.

VALERIE BIVENS
Asistente social

Como asistente social de los Servicios de Protección a la Infancia de California, conozco perfectamente la frecuencia y la gravedad de los delitos contra los niños. Este libro es la descripción de los inconcebibles malos tratos que padeció un niño. Vemos lo que percibe el niño a lo largo de un horroroso continuo que va de una vida familiar idealizada a la conversión en "prisionero de guerra" en su propio hogar. Es una historia que comparte con el lector un superviviente, un hombre de valor y fortaleza enormes.

Por desgracia, la gente, en general, desconoce la extensión del maltrato infantil. Estos niños, víctimas de delitos atroces, suelen ser incapaces de hablar de quienes los maltratan o de denunciarlos. Su ira y su dolor se vuelven hacia sí mismos o hacia quienes se hallan cerca, y el ciclo continúa.

Estamos empezando a oír hablar más del maltrato infantil. Son cada vez más frecuentes las películas y los artículos de revista sobre el tema; pero estos casos suelen enfocarse de modo sensacionalista, y estamos demasiado distantes para entender la realidad y el dolor de la víctima. Este libro ilumina y educa. Mientras seguimos a David a través del miedo, la pérdida, el aislamiento, el dolor y la rabia, hasta llegar a la esperanza final, el mundo oscuro del niño maltratado se vuelve dolorosamente claro. Nos damos cuenta del grito del niño por medio de los ojos, los oídos y el cuerpo de David. También sentimos el corazón de la víctima a medida que pasa del dolor insoportable al triunfo final.

GLENN A. GOLDBERG

*Ex director ejecutivo del Consorcio de California
para la Prevención del Maltrato Infantil*

La historia de David Pelzer debe ser contada con el fin de que los estadounidenses se movilicen para crear un país donde ser un niño no sea peligroso. Millones de nuestros niños, nuestro recurso natural más preciado, son víctimas de una epidemia trágica y desmesurada de malos tratos y abandono. En la última década se han incrementado el nivel y la intensidad del maltrato de manera espectacular. La historia de David contribuirá a que se comprenda que la crisis de maltrato infantil que padecemos va más allá de un exceso de nalgadas. Cada año se emplean la brutalidad y la tortura físicas, emocionales y sexuales con cientos de miles de niños indefensos.

Cada acto de maltrato infantil se proyecta hacia el futuro. Cuando se hace daño a un niño, todos padecemos las consecuencias. David Pelzer ha logrado sobrevivir a los malos tratos de su infancia, y su historia es una fuente de inspiración para todos nosotros. No hay que olvidar, sin embargo, a las decenas de miles de niños que no sobrevivieron a su terrible experiencia y a los millones que siguen sufriendo. El único remedio contra el maltrato infantil es la prevención. Deseo fervientemente que este libro contribuya a potenciar el movimiento de quienes trabajamos para evitar el maltrato infantil en todas sus formas.

No sabía

No sabía cuán terrible era;
había oído que existía.
Me quedé horrorizada ante este delito
que robaba a la juventud
su tiempo "especial".

No sabía el dolor que producía;
los moretones y las cicatrices no se ven.
Ni por qué, en algún momento a lo largo de la vida,
la brutalidad del maltrato
te hace pagar.

No sabía cómo te sentías;
cuán baja era tu autoestima.
Sólo sabía que te marchabas sigilosamente
y que nunca mostrabas tus sentimientos.

No sabía lo que podía hacer,
que podía ayudar de algún modo,

que lo único que necesitabas era un amigo;
alguien que fuera tu compañero.

Pero ahora sé que puedo ayudar;
que puedo influir también.
Estaré contigo; gritaré contigo,
y los demás no podrán decir: "No lo sabía."

CINDY M. ADAMS

Centros de ayuda

Child Help USA. Ofrece una línea telefónica de emergencia las 24 horas para obtener información sobre grupos de apoyo y terapistas, y reportar casos de presunto abuso.

6463 Independence Avenue
Woodland Hills, CA 91367
(800) 422-4453

Child Welfare League of America. Esta asociación, con sede en Washington, DC, tiene 75 años de fundada y agrupa a 800 agencias sin fines de lucro, públicas y privadas, que dan servicios a niños y jóvenes víctimas de abusos o abandonados, así como a sus familiares.

440 First Street, NW, Suite 310
Washington, DC 20001–2085
(202) 638-2952

The National Committee to Prevent Child Abuse (NCPCA). Esta organización sin fines de lucro, con sede en Chicago, tiene el objetivo de prevenir el maltrato infantil en todas sus formas. La NCPCA promueve la educación pública a través de su campaña publicitaria nacional, varias publicaciones, así como entrenamiento y asistencia técnica. Cuenta con oficinas en todo Estados Unidos.

P.O. Box 2866
Chicago, IL 60690
(800) 556-2722

Conferencias, seminarios, talleres y reuniones escolares

Dave está considerado como uno de los comunicadores más eficaces y respetados de Estados Unidos y desarrolla esta labor en empresas, congresos y con profesionales de los servicios sociales. Sus conferencias se centran en la motivación interna, la superación de obstáculos, el incremento de la autoestima y la obtención de metas. Además organiza talleres para quienes trabajan en los campos de los servicios sociales, educativos y policiales. Dedica la mayor parte del tiempo a trabajar para Youth at Risk, reuniones escolares de enseñanza secundaria en que se presentan programas específicos sobre la prevención del maltrato infantil, la información sobre las consecuencias de las drogas y el alcohol y la responsabilidad personal.

Su lema sigue siendo: "Ayudar a otros... a ayudarse a sí mismos."

Para más información específica sobre los programas de Dave, escriba o llame a:

D-ESPRIT
P. O. Box 1385   Teléfono: 707-869-2877
Guerneville, CA 95446   Fax: 707-869-4424
Página de Internet: *www.davepelzer.com*

Para todos los que han sabido cambiar su vida y la de los demás, con mis mejores deseos.

DAVE PELZER

"De vez en cuando aparece un libro esencial. *Cómo ser como Jesús* es uno de esos extraordinarios libros. . . ."

—Tim LaHaye, co-autor, *Left Behind*

Cómo ser como *Jesús*

LECCIONES PARA SEGUIR SUS PASOS

Pat Williams
Con Jim Denney
Prólogo de Jerry B. Jenkins, co-autor,
de la serie de libros *Left Behind*

Code #1355 • $14.95

Code #1320 • $12.95

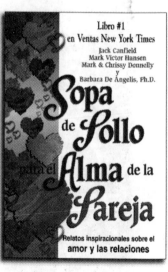

Code #1339 • $12.95

Code #1347 • $12.95